U0956038

陈德仁院士

上图 / 从左至右：小学时的陈德仁、中学时的陈德仁、在中央无线电器材公司研究所工作时期的陈德仁、解放初期的陈德仁

中图 / 从左至右：1963年6月陈德仁被授予中校军衔、20世纪70年代的陈德仁、走上新岗位的陈德仁、退居二线后的陈德仁

下图 / 陈德仁在实验室观察三轴转台负载

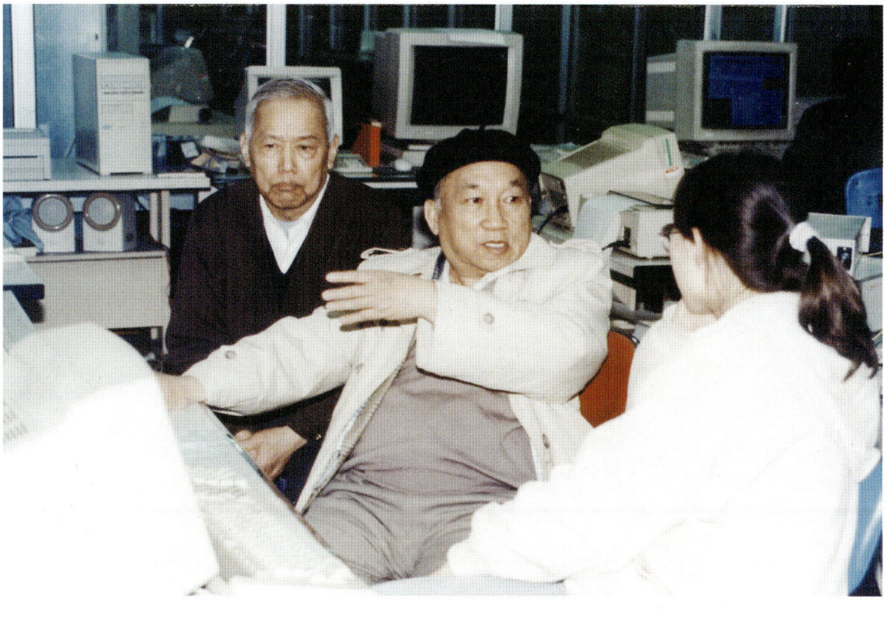

上图 / 载誉归来（左起依次：栾恩杰、陈德仁、黄纬禄、戴诗正）
下图 / 陈德仁（左）与梁思礼（中）参加军用仿真技术课题鉴定会

上图 / 在陆基机动导弹发射试验基地与二炮副司令员合影

下图 / 在某型号鉴定会上同与会专家合影（前排右四为陈德仁）

上图 / 2000 年 11 月，参观珠海航展（左二为陈德仁，右一为钟山）

下图 / 陈德仁在学术讨论会上

上图 / 1993年，原国防部五院二分院第一设计部部分专家合影留念（前排左起：钱文极、董启强、蔡金涛、黄纬禄；后排左起：何国伟、陈德仁、郭芃、沈家楠、李一鸣）

下图 / 陈德仁（右）和黄纬禄（左）在一起

上图 / 相濡以沫

下图 / 磊落生平事，家国总在心

上图 / 陈德仁和夫人、孙女在一起

下图 / 陈德仁铜像

陈德仁院士传记

Academician Chen Deren's Biography

《中国航天院士传记丛书》总编委会 组织编写

刘经勇 等著

中国宇航出版社

·北京·

版权所有　侵权必究

图书在版编目(CIP)数据

陈德仁院士传记 / 刘经勇等著. --北京 ：中国宇航出版社，2016.6（2021.3 重印）
（中国航天院士传记丛书）
ISBN 978-7-5159-1143-4

Ⅰ. ①陈… Ⅱ. ①刘… Ⅲ. ①陈德仁－传记 Ⅳ. ①K826.16

中国版本图书馆 CIP 数据核字(2016)第 148552 号

责任编辑　黄　莘
责任校对　王　妍　汪秀明　　**装帧设计**　宇星文化

出　版
发　行　中国宇航出版社

社　址　北京市阜成路 8 号　**邮　编**　100830
(010)60286808　　(010)68768548
网　址　www.caphbook.com
经　销　新华书店
发行部　(010)60286888　　(010)68371900
(010)60286887　　(010)60286804(传真)
零售店　读者服务部
(010)68371105
承　印　三河市君旺印务有限公司

版　次　2016 年 6 月第 1 版
2021 年 3 月第 2 次印刷
规　格　787×960
开　本　1/16
印　张　17.5　**彩　插**　8 面
字　数　247 千字
书　号　ISBN 978-7-5159-1143-4
定　价　58.00 元

本书如有印装质量问题，可与发行部联系调换

《中国航天院士传记丛书》
总编委会名单

编审委员会

主　　任　许达哲　高红卫

副 主 任　雷凡培　曹建国

委　　员　李金生　方向明　袁　洁　李　跃　包为民

编撰委员会

总 主 编　许达哲　高红卫

副总主编　李　跃　包为民

委　　员（按姓氏笔画排列）

于世元　马礼谦　王亚文　邓宁丰　朱芝松

朱忠元　任玉琨　孙玉斌　李　明　李　锋

陈学钏　张连成　周晓飞　侯　晓　贾　可

梁小虹　谭永华

总编委会办公室

主　　任　周晓飞　朱忠元　邓宁丰

成　　员（按姓氏笔画排列）

丁雅清　于　宁　于　希　王来成　李卫东

杨利伟　辛大广　张铁钧　范占英　唐　燕

徐　睿　戴品华

《陈德仁院士传记》
编审委员会名单

编审委员会

主　任　马　杰

副主任　李　陟

委　员　吕大波　严　华　严荣祥　张向群　唐应伟

罗　霄　盛　利　李　芸　金立亮　鲁耀兵

张世溪　韩志平　刘　珂　路海东　曹建中

申屠燕冬　夏　溧

编审委员会办公室

主　任　邸　帅

副主任　韩　宁

成　员　李　嵌　余国辉　张福祥　李卫民　罗朝晖

沙元昌　纪军丽　刘方方　幸小雷　王　昕

序　一
Preface I

中国航天事业自1956年创建以来，已经走过50多年的发展历程。在党中央、国务院、中央军委的亲切关怀和英明领导下，中国航天人团结一心、顽强拼搏、勇于创新、无私奉献，不仅取得了以“两弹一星”、载人航天工程和月球探测工程为代表的辉煌成就，孕育形成了航天传统精神、“两弹一星”精神和载人航天精神，也造就了一支技术精湛、作风优良的航天人才队伍。

航天系统的中国科学院院士和中国工程院院士就是这支队伍的杰出代表。中国航天科技集团公司和中国航天科工集团公司先后有50多位科学家和航天工程专家当选为两院院士。其中，有7位院士获得过“两弹一星”功勋奖章，2位院士获得过国家最高科学技术奖。他们不仅是航天成就的主要创造者，也是航天精神的重要孕育者和忠实践行者。

中国航天事业是在新中国成立不久，工业实力、科技实力、综合国力都很薄弱，帝国主义严密封锁，苏联撕毁协定、撤走专家的情况下发展起来的。以航天院士为代表的中国航天人，自力更生，艰苦奋斗，奋发图强，顽强拼搏，在一穷二白的基础上，独立自主地创建起了中国的航天事业。

航天型号研制是复杂的系统工程，涉及很多领域，需要众人参与，必须大力协同、集智攻关才能完成。以航天院士为代表的中国航天人，在航天工程研制实践中，齐心协力，密切配合，实现了一次又一次技术突破，铸造了一项又一项辉煌成就。他们为祖国的航天事业作出了巨大贡献，却淡泊名利，不计得失，将个人利益置之度外。

航天事业属于尖端技术领域，难度大、风险高、技术复杂，在发展历程中碰到过很多难题，经历过各种坎坷，甚至遭受过重大失利。以航天院士为代表的中国航天人，在困难和失败面前不动摇、不退缩，树立百折不挠、锲而不舍、脚踏实地、严谨务实的工作作风，不断攻坚克难、勇攀高峰，取得了一个又一个胜利，树立了一座又一座丰碑。

今天，在由航天大国向航天强国迈进的征程中，航天院士的科学思想、创新意识、坚定信念和爱国情怀是全体航天人宝贵的精神财富。中国航天科技集团公司和中国航天科工集团公司决定出版《中国航天院士传记丛书》，不仅是为了宣传航天院士的科研成就，总结航天院士的成长规律，更是为了传承航天院士的宝贵精神，使之生生不息、薪火相传，为“续航天梦、筑强军梦、圆中国梦”的伟大实践提供精神动力和思想源泉。

2014 年 1 月

序 二
Preface Ⅱ

中国航天事业创建半个多世纪以来，培养和塑造了一大批功勋卓著、德高望重的中国科学院院士和中国工程院院士。他们具有坚定的理想信念和强烈的爱国情怀，理论功底深厚，技术水平高超，善于引领科学发展和技术创新，在中国航天事业发展的关键时期发挥了重要作用，为中国航天事业取得辉煌成就、孕育航天精神作出了突出贡献。

为了全面、系统地总结航天院士的成长规律，把航天院士的科学思想和创新方法记录下来、传承下去，为中国航天事业积累精神财富，为航天强国建设提供有益借鉴，中国航天科技集团公司和中国航天科工集团公司研究决定，组织编写一套《中国航天院士传记丛书》（以下简称《丛书》）。

党的十八大描绘了坚持中国特色社会主义道路、全面建成小康社会、实现中华民族伟大复兴的宏伟蓝图，同时也为加强国防和军队现代化建设、推进我国由航天大国向航天强国迈进指明了方向。在中国航天事业"续航天梦、筑强军梦、圆中国梦"的新形势下，出版这套《丛书》，具有重大的现实意义和深远的历史意义。

记载航天历史。航天院士是中国航天事业的宝贵财富，他们的成长历程反映了航天事业的发展轨迹。这套《丛书》不仅是航天院士个人的传记，也从不同侧面记载了中国航天从技术到管理、从思想到精神的真实历史。

弘扬航天文化。宣传航天院士，就是站在科学的高度，向社会各界全面宣传航天事业，弘扬航天文化，使其成为中华民族文化宝库的重要组成部分，增强中华民族的自信心、自豪感和凝聚力，提升国家的软实力。

传承航天精神。航天精神是包括航天院士在内的几代航天人，在中国航天事业发展历程中，不断积累、提炼、传承而逐渐形成的，是民族精神、时代精神与航天实践相结合的产物，是中国航天事业之魂。《丛书》全面反映了航天院士的学术成就、科学作风和思想品格，有助于航天精神薪火相传。

培育航天人才。中国航天事业已经完成了新老交替，一代航天新人正在茁壮成长。《丛书》是泽被后世的人才工程，对于培育航天人才、发展航天事业、铸造新的辉煌将产生积极的促进作用。

总之，《丛书》是一套具有航天特色的爱国主义教材，是不可多得的精神食粮。相信这套《丛书》的出版发行，必将吸引更多的年轻人热爱航天、投身航天、奉献航天，以饱满的热情和昂扬的斗志再攀高峰，使中国航天事业后继有人，蓬勃发展，续写辉煌。

马兴瑞

2014 年 1 月

目　录
Contents

第一章

少年磨砺

陈德仁从童年到中学时代，经历了岁月的磨砺。特定的历史际遇和人文环境中的个人经历，影响了他的一生，也成为他人生取向的基石。

1. 家庭环境

1922 年 10 月 22 日（农历壬戌年九月初三），陈德仁出生于江苏省无锡县前洲镇（今江苏省无锡市惠山区前洲街道）。

无锡，简称锡，古称梁溪、金匮，位于江苏省南部，地处长江三角洲平原腹地，东接苏州，西连常州，南濒太湖，北倚长江，历史悠久，人文荟萃，是江南文明发源地之一，有文字记载的历史可追溯到 3000 多年前的商朝末年。自古以来，无锡就是江南有名的鱼米之乡，被誉为“太湖明珠”。

陈德仁的祖祖辈辈就生活在这片土地上。

陈德仁的祖父是一个地地道道的农民，排行老大，有兄弟四人。陈德仁的曾祖父去世之后，祖父只分到草屋一间，秧田一分，家庭生计来源全靠租种地主家的土地。尽管日夜辛勤劳作，家境仍然十分困难，日子过得非常艰辛。

祖父有三儿一女，大儿子叫陈菊甫，二儿子叫陈菊生，三儿子叫陈菊如，女儿很早就去世了。陈菊生就是陈德仁的父亲，生于 1896 年。

穷人的孩子早当家。陈菊生童年时常和大哥陈菊甫一起帮家里干农活。因为家里穷，读不起书，只能在农闲时节进私塾识几个字。

陈德仁的父亲陈菊生

1914 年前后，无锡地区发生了严重的水灾，地里的粮食大量减产，许多人流离失所。陈德仁祖父一家生活更加艰难。眼见大儿子陈菊甫和二儿子陈菊生都已经成年，家里却没有土地耕种，只能眼巴巴地看着两个大小伙子在家里吃闲饭，祖父心中极为愁苦。

鸦片战争后，随着开埠通商，上海便成为外国洋行、银行云集之地，一跃成为中国最繁华的商业城市和对外贸易中心。到上海去谋生，是很多江浙人的选择。陈德仁的祖父也动了心思。为了生计，他央求同乡中有在铁路上工作的人把陈菊甫和陈菊生兄弟俩带去上海自谋生路，借以减轻家庭负担。

陈菊甫和陈菊生来到上海之后，立刻被上海的繁华景象所吸引。他们举目无亲，要在上海这样的大城市立足并不是那么容易的事。为了生活，兄弟俩什么样的活都干过，什么样的苦都吃过。他们曾在码头上当过搬运工，在饭店里当过跑堂，在街头摆过地摊。他们节衣缩食，往往一点萝卜干和一个馒头就对付一顿，将辛辛苦苦挣到的钱省下一些，带回乡下补贴家用和供弟弟陈菊如上学。

在摆地摊过程中，虽受过各种欺辱，兄弟俩却通过摆地摊见识了很多人，也尝受到了社会底层和没有文化的痛楚，立志读书学文化。

此时的上海，有着非常良好的教育氛围，基础教育完备，各类国立、私立以及外国教会办的高等学府林立，教育风气之浓、教育水平之高领先全国。在职场上身居高位的基本都是受过良好教育的精英人才，即便是蓝领工人，大多也通过上补习学校来提高自己的文化水平。

兄弟俩也被上海这种注重教育的风气所熏陶，眼界大开。带他们来上海的同乡告诉他们，要想在上海找到一份体面的工作，需要具备一定的文化基础。那个同乡在铁路上工作，有一定的文化，尽管并不富裕，但生活比较稳定。兄弟俩对他的工作非常羡慕。“只要有文化，就能找到好工作。”同乡的成功激励着兄弟俩。他们经过商量，报名参加了夜校，于是他们白天摆地摊做小买卖，晚上到夜校读书，相互鼓励，相互督促。

一起摆地摊的人对此不屑一顾，经常笑话兄弟俩。他们常说：“像咱们这样的人，再怎么读书也不会有什么出息的。咱们就是这样的命，还是认命吧！”然而，兄弟俩不为所动，一直以同乡为榜样，不管刮风下雨，都坚持上夜校学习，他们渴望自己成为有文化的人。

功夫不负有心人。兄弟俩就这样苦干苦学了几年后，终于在 1918 年遇到了沪宁铁路招考列车员的机会，兄弟俩自然毫不犹豫地报了名，结果双双通过了考试，当上了列车员。列车员的职业比较稳定，而且薪水有一定的保障，不像摆地摊做小买卖风险很大，吃了上顿没下顿。那些以前嘲笑他们的人都羡慕不已，但嘴上却说："不过是个列车员而已，没什么赚头的，比我们好不了多少。"兄弟俩听后一笑置之。他们知道，这是他们改变自己命运的重要一步。

生活略微安定后，兄弟俩尝到了学习文化的甜头，他们并没有放弃追求。为了能在当时被英国人掌控的沪宁铁路上谋到一个待遇更好的职位，就必须掌握一定的英语知识。于是兄弟俩就利用晚上工余时间，上补习学校学习英语。经过刻苦努力，兄弟俩掌握了一些简单的英语。

机会总是留给有准备的人。在沪宁铁路招考车务人员时，兄弟俩由于准备充分，双双应聘上了列车转运长的职位，取得了较有保障的"铁饭碗"。自此以后，家里的经济状况渐渐好转。兄弟俩非常节俭，有了一些节余，还在家乡逐年购置一些土地交给家里的老父亲自耕自种。

1937 年抗战开始前，兄弟俩的经济状况已大为改善，可以维持日常生活。然而，抗战开始后不久，沪宁铁路沦陷，路局西撤，铁路上的工作人员纷纷遭到解聘，兄弟俩因此失业，在上海坐吃了一年左右，觉得战事结束遥遥无期，不能长此以往，于 1938 年回到家乡耕种度日。

抗战胜利后，兄弟俩重回铁路部门任原职。1948 年，陈德仁祖父去世。解放后，陈菊生仍在铁路上任职，1957 年退休。

陈菊生为人朴实，待人和善，即便是在经济状况较好的时候，仍然保持勤俭节约的本色。陈德仁母亲朱求娣是典型的农村妇女，尽管不识字，但很贤惠。在家操持家务，淳朴善良，勤俭本分，且乐于助人，口碑甚好。

时局动荡，陈菊生的家庭经济状况很不稳定，如果不出乱子可以维持，反

陈德仁的母亲朱求娣

之则一落千丈。陈菊生一家稳重谨慎，与人为善。教育子女则是要求忠厚传家、仁德为本，恪守诚实守信、谦和忍让、遇事屈己待人、“吃亏是福”等为人处世之道。

陈德仁就是在这样的家庭环境下度过了幼年时期。

2. 小学经历

1924 年，军阀混战。9 月 3 日，江苏督军齐燮元与浙江督军卢永祥之间发生了江浙战争，又称齐卢战争、甲子兵灾，江浙战争首先在江苏宜兴打响，战火很快烧到周边，民不聊生，很多无锡人纷纷外出逃难。

陈德仁在无锡出生后，一直由母亲在前洲镇上照顾，直到 1924 年因江浙战争，一家人避乱到了上海，在上海闸北区安顿下来。

陈菊生靠个人的努力奋斗实现了从列车员到列车转运长的转变，他有感于读书带来的好处，也对自己的文化水平低而感到非常遗憾。因为他读书少，没有正式的"学历"，工作中常常受到一些限制，一直没有得到更大的提升，于是希望自己的子女能受到良好的教育。他常常嘱咐陈德仁多读书，多学习文化，还给了陈德仁较好的学前教育。上小学之前，陈德仁已经学了《三字经》《百家姓》和《千字文》等，也培养了良好的记忆力，能将这些启蒙读物烂熟于心。

陈德仁随父母到上海后，因为父亲是列车转运长，经常被父亲带着跑火车。沪宁铁路沿线共有 38 个站，小小年纪的陈德仁常常趴在火车窗户前问这问那，一段时间下来，他竟然一口气把车站名都背了下来，不管是从上海站到南京站，还是从南京站到上海站，都能按顺序背下来，一个不落。孩子有如此好的记忆力，不仅让陈菊生非常震惊，更是让列车上的同事们赞不绝口。陈菊生为此颇为自豪，更坚定了要大力培养陈德仁的信心。

1928 年秋，刚满 6 岁的陈德仁，进入位于上海闸北的私立普志小学读一年级。普志小学和陈菊生的家在同一个里弄，上学非常方便。初次背上崭新的书包，来到普志小学，陈德仁对新的环境充满了好奇，但他并不害怕。在铁路上，他见过许许多多的人。学校给他带来了不少新鲜东西，作文、算术、美术、自然等课程，让他非常感兴趣。很快，他就适应了学校的生活，和老师同学们都相处得很好。在班上，他是年龄最小的学生，学习成绩却总是名列前三。老师们都非常喜欢这个不太爱说话但非常聪明的学生。

1929 年年底，因外婆去世，陈德仁母亲带着他回到家乡——无锡县前洲镇奔丧。因为失亲之痛，母亲得了重病，不得不留在前洲养病，他也留了下来，进入当地的前洲树德小学就读。

20 世纪初，前洲的国民教育绽放曙光，前洲地区一批有识之士，以开明达观之志，为无锡教育开先河，兴学育才，掀起了办学热潮。

1920年前夕，经前洲士绅唐氏族长提议，合族公议，动用唐义庄公款，创办私立树德小学，校址设在前洲西街唐氏宗祠内。

唐氏在前洲是大家族，在镇上的地位非常显赫。唐氏宗祠前面是一片大广场，向南靠水田处栽有一大排银杏树。宗祠建筑高大，气势恢宏，屋舍很多，分为东、中、西三部。中部宽五大间，有三进房屋，全部作为树德小学教学用房；西部宽三大间，除作为学生教室的第一进房屋外，向后为规模较大的人造园林，内有荷花池、小石桥、假山石堆砌的洞穴和木制的亭台楼阁，园中种植了不少名贵的树木花卉，四季有花，清香阵阵，风景宜人，是教师们散步、休息之处，学生们也经常来此地玩耍。向后为石砌的旱阁，专做教师宿舍用。后面是一个很大的桂花园，种有30多棵桂花树，树大叶茂，每到金秋时节，丹桂飘香。一所小学能有这样的优美环境，极为少见。

树德小学是一所从点滴小事入手，力求帮助学生从小树立良好道德品质的学校。一进门，迎面就是一块长方形的着衣镜，目的是让学生们看看着装是否整洁。衣冠不整者不允许进教室，需要对着着衣镜整理好后才被允许进入。“以铜为镜，可以正衣冠”，学校的教师更是把它引申到为人处事也要常常照照镜子，正人正己。树德小学的教育，让陈德仁养成了整洁的习惯，同时也培养了他正直的品格。

在唐氏宗祠里，放着“木巡”，“木巡”是用原木钉成的木笼子，里面只能坐一个人。它是唐氏宗祠用以惩罚唐氏不孝子孙和违反族规者的工具，对学生们有着不可估量的威慑作用。它默默地告诉学生们，从小就要懂得孝亲尊师，遵守社会公德。每次看到“木巡”，陈德仁都有一种发自内心的敬畏，尽管他从来没有看到学校用“木巡”惩罚过任何人。

有一件事使陈德仁久久难以忘怀，就是学校全体师生每天上课前都在礼堂举行晨会，主要内容就是集体背诵孙中山先生的总理遗嘱：“余致力国民革命，凡四十年，其目的在求中国之自由平等。积四十年之经验，深知欲达到此目的，必须唤起民众，及联合世界上以平等待我之民族，共同奋斗……革命尚未成功，同志仍需努力。”每天背诵总理遗嘱，对陈德仁幼小的心灵有着巨大的冲击，对他以后的发展产生了深远影响。或许正是在总理遗嘱的感召下，报效国家的远大理想和使命感在他的心里播下了种子。

树德小学的教师大都毕业于师范学校，深谙儿童心理学和教学方法，不但重视课业学习，还能发挥学生天赋和特长，因材施教。例如：在课堂上张贴学生的优秀作文、图画及书法习作，既是对学生的表扬，也是对其他同学的促进；挑选和培养有音乐天赋的学生在周会上或节日时演唱歌曲和演奏乐曲；给学生编导反封建的话剧等，并邀请学生家长前来观摩，家长们看后都十分高兴。学校的学习生活生动活泼、丰富多彩，师生关系密切，也影响了陈德仁幼小的心灵，使他在今后的文化素质、品行修养上得到全面发展。

树德小学的学习经历，对陈德仁的影响很深。最让他印象深刻的莫过于树德小学校门前那两棵银杏树，当地人都习惯称银杏为白果。每到秋季，放学后，陈德仁总是和其他同学争着挑拣从银杏树上落到地面的成熟白果，带回家放到烧饭柴灰中焖熟了，吃起来特别香。

树德小学，几易校址，几度更名，后并入有着逾百年悠久历史的前洲中心小学。树德小学旧址门前的两棵银杏树现在高大挺拔，每棵树俩人合抱都抱不过来。

半年后，即 1930 年 7 月，陈德仁的母亲病愈，带着他重返上海。陈德仁仍被送入里弄的普志小学读二年级。重新回到普志小学的陈德仁热情地向小同学们打招呼。再次见到陈德仁的小朋友们都非常兴奋，老师也很关心，发现他并没有落下功课，纷纷予以赞赏和鼓励。

1932 年 1 月 28 日午夜，上海风云突变。日本海军在沪舰队司令官以“保护日侨”为借口，调集了 1800 余名海军陆战队队员、4000 余名武装的日侨、数十辆装甲车，向驻守在闸北区的中国军队发起突然袭击。驻守上海的国民革命军第十九路军，在总指挥蒋光鼐、军长蔡廷锴的指挥下，奋起反抗，震惊中外的“一·二八”上海淞沪抗战由此打响。日本空军凭借空中优势，掌握了制空权。日本空军的飞机，在上海狂轰滥炸，造成大量中国士兵和平民百姓伤亡，建筑被毁无数。陈德仁一家在闸北的住房也毁于炮火。日本侵略者肆无忌惮的行凶作恶，给童年的陈德仁以极大的震动，留下了终身难忘的印记。愤恨之下，他想，如果能将这些可恶的飞机

“一·二八”上海淞沪抗战期间，日军轰炸上海闸北，火光冲天

打下来，该有多好啊！

淞沪抗战爆发后，陈菊生不得不带着家人逃难回到了无锡乡里。回到家乡后，陈德仁在前洲树德小学继续上学。在树德小学，陈德仁完成了初小学业。在学校里，他的成绩一直名列前茅，特别是数学，总是拿满分。他稚气未脱，有时候上课还玩玩弹弓，老师看到以后，并不责骂或批评他，因为他都学会了，考试根本难不倒他，所以老师也就由他去，并且顺应他的性格和兴趣引导他的成长。

此时的小学学制是初小 4 年，高小 2 年。为了继续学业，1932 年夏，陈菊生特地将家搬到了石塘湾，因为那里有著名的无锡县立第六小学，它是无锡县六所高等小学之一，办学质量很高。

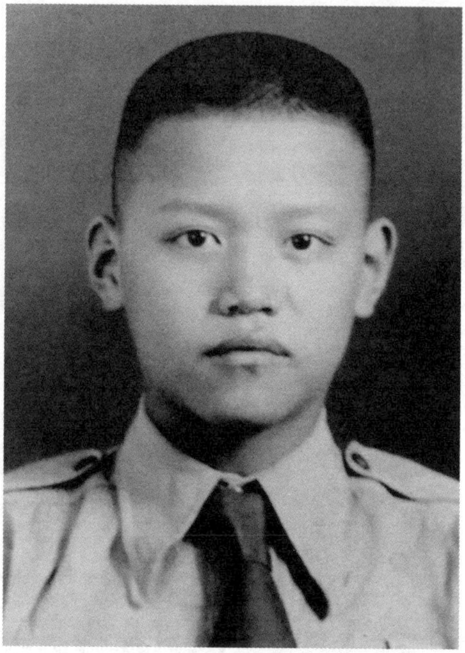

小学时的陈德仁

小学毕业临近，陈菊生问陈德仁准备考哪所中学，陈德仁毫不犹豫地回答："江苏省立上海中学。""有把握吗？""有！"听到陈德仁充满自信的回答，陈菊生十分欣慰。

3. 中学生涯

1934年夏，陈德仁以优异的成绩从无锡县立第六小学毕业，并如愿以偿，考上了江苏省立上海中学。

江苏省立上海中学历史悠久。晚清的中国蒙受了两次鸦片战争的耻辱后，一场"师夷长技以制夷"为宗旨的洋务运动兴起。1865年，担任苏松太道（俗称上海道台，是上海开埠后清政府设立的沪上最高官员）的丁日昌顺应洋务潮流"兴新学"，捐银一千两创设龙门书院于上海南园，成为上海开埠以来最早的地方官创办的新学。

江苏省立上海中学牌楼

据《上海县志》记载:“龙门书院，同治四年巡道丁日昌创设，今巡道应宝时踵成之。其始址就蕊珠书院（在县治南蕊珠宫）之湛华堂，延请山长主讲，按照月来分课，以《性理精义》、《小学近思录》等书命题，兼及经解史论。考取入院者，每月给以膏火。六年，应宝时就‘吾园’废址创建，于是规制始备。”

1905 年，科举制度废除后，龙门书院改为官立苏松太道龙门师范学堂。直到 1927 年，与江苏省立商业专门学校合并，改为江苏省立上海中学。1934 年，江苏省立上海中学迁至吴家巷新建校舍。此时，上海中学将高中普通科改为理科，又兼办高中机械工程科，师范科完全结束，传统的单一性师范学校变为理、工、商三科和初中部合制的综合性学校。“北有南开，南有上中”，此时江苏省的中学有“四大名旦”之说，即上海中学、扬州中学、苏州中学和常州中学，其中上海中学名列江苏省“四大名旦”学校之首。

“要上就上最好的中学。”这是陈德仁选择上海中学的原因。

上海中学是自主招生选拔优秀生源的，要想考进上海中学是极不容易的。上海中学初一年级只招 300 名新生，但考生多达几千人，录取比例为 1∶20，能被录取的，大多数是各地小学的前 3 名学生。

20世纪30年代的江苏省立上海中学外景

1934年9月，陈德仁考上上海中学。此时正值学校搬迁至吴家巷新校区。新校区占地400余亩，布局合理。走进校门，首先映入眼帘的是龙门楼，它是上海中学的主体教学楼（学校各办公室和高中部教室，以及图书馆所在地），为纪念上海中学创设于龙门书院，故得此名。龙门楼的东南面是先棉堂，设有初中部教室及物理、化学、生物等科的仪器室和实验室。龙门楼后面直通全校师生集会的大礼堂，大礼堂四周为四栋学生宿舍，校舍后面还有操场。

陈德仁考上上海中学之后，父亲非常高兴和自豪，于是举家搬回上海。

带着对未来的憧憬，陈德仁来到上海中学。上海中学首先给他的印象就是“真大！”干净整洁的校园，新建的大楼，都给陈德仁留下了深刻的印象。陈德仁在这里度过了三年初中生涯。

20世纪30年代的江苏省立上海中学龙门楼外景

陈德仁很快发现中学与小学截然不同。在小学，管理是比较宽松的。但是在上海中学，却有着一套严格的校纪校规。

上海中学长期实行寄宿制，坚持半军事化的管理。学生全部住校，两周才能回一次家。学校规定严格的纪律：学生穿统一的制服；作息时间不用钟声或铃声，而是专门雇号手来吹军号；每天的升旗仪式由学生军乐队伴奏；宿舍统一床单和蚊帐；内务要求整齐，定期检查评比列入操行分数，连食堂的座位都是固定的，每人专用的碗盆、热菜的酒精灯等都印上每人的学号；宿舍每层楼都派一名教师担任舍监，维持宿舍秩序，保证按时作息，不允许在走廊“开夜车”。

寄宿的各项规章制度比较严格，执行非常认真，借此培养学生的行为规范和独立能力，这样既便于同学间的交流，又使学生在毕业以后较易适应高一级院校及职业生活。而诸如作业规范、零花钱使用规范、食堂管理制度等，这些规章制度的建立，对于规范学生的学习行为、形成良好的行为品质具有重要作用。同时校内建有教师住宅和教职工宿舍，师生朝夕相处，不但便于随时质疑问难，而且教职员工更须处处为人师表，言传之外，尤为注意以身作则的身教。

与小学生活相比，初中生活更加丰富多彩。陈德仁对上海中学的一切都感到既新奇，又兴奋。

上海中学奉行“纯教育”思想。因为学校管得较严，“埋头读书”的风气比较盛行。陈德仁在这种环境熏陶下，加上自己的个性一向习惯安静，所以他非常低调，平常不喜欢管“闲事”，一门心思埋头学习。

中学时代，陈德仁经常帮父亲陈菊生拟写火车行车事故报告。20 世纪 30 年代的火车，安全性非常差，如果在火车行车过程中，不严格按照规章制度操作，就可能造成人畜伤亡等严重后果。一旦出现火车行车事故，转运长就需要写相应的报告。由于陈菊生文化程度不高，识字不多，代父亲拟写火车行车事故报告的任务就落在了陈德仁的肩上。

在拟写行车事故报告时，陈菊生对陈德仁讲述事故的整个过程，那些事故往往让陈德仁触目惊心。陈菊生同时会语重心长地告诉陈德仁：做事必须认真谨慎，否则就会造成严重的后果。细心的陈德仁发现，造成这些事故的原因，除了少部分是火车故障或是铁路故障外，大部分原因是火车司机没有按照规章制度操作，他从中切实认识到认真细致的重要性。拟写行车事故报告的经历，促使陈德仁养成了严谨务实的作风。

初中增加了物理、化学、生物等课程，陈德仁

中学时期的陈德仁

自从接触之后，就对这些理论与实践相结合的科目非常感兴趣。一有实验课，他就特别兴奋，因为在实验课上，他可以摆弄仪器，动手做实验。

陈德仁平常不显山不露水，但很会利用时间。学习时，能全身心地集中精力，把要学习的知识牢牢地记在大脑中，成绩一直保持领先。在别人看来，这是因为他脑子好用，但他却执着地认为自己并不是很聪明。他相信：“勤能补拙，笨鸟先飞。”在他看来，只有比别人更勤奋，才可能跑在前面。三年初中生活很快过去了，1937 年，陈德仁初中毕业时，以优异的成绩考上了上海中学高中部理科。

上海中学的许多教师是从国外留学回来的，英语功底比较好，重视英语教学，有的直接选用国外原版教材开展学科英语教学，有的则自编教材。数理化课本多数是英文的，这样不但学了数理化，也提高了英语能力。

进入上海中学高中部后，老师都用英语讲课，而英语课上，老师更是一句中文都不说，这让陈德仁极为不适应。为了能在课堂上跟上老师讲课的速度，他不得不事先借助英汉词典预习功课，将第二天要讲的课文逐行逐句地翻译出来。即便如此，第二天上课，仍然跟不上老师讲课的速度，这让他感到了巨大的压力，他下决心刻苦学习英语。为了攻克英语关，他充分利用业余时间，加倍刻苦地学习。清晨的操场上，时常出现他独自攻读英语的身影；寂静的宿舍里，常常回响起他的诵读声。功夫不负有心人，经过努力，他很快适应了用英语授课的方式，英语水平有了很大提升，为他以后的科研工作提供了有力的工具。

1937 年 7 月，日本侵略者悍然发动全面侵华战争，中国进入了全面抗战时期。早在 1936 年，日本教育省代表团来访吴家巷上海中学时，就有人惊叹："此乃远东最大最现代化的寄宿制模范中学。"因此，日寇对上海中学的地形和设施垂涎已久。上海中学校长郑通和知道，日寇入侵之后，上海中学将难于幸免，于是在 1937 年 9 月，将上海中学迁入法租界，借助上海美术专科学校校舍继续上课。高中理工科和初中部借用菜市路（顺昌路）上海美术专科学校的部分教室，称为一部。吴家巷校址则被日本军队占领，在 1937 年 11 月至 1943 年 1 月，成为上海最大的日军兵营。陈德仁在龙门楼学习的愿望就此破灭（初中教室设在先棉堂，高中教室设在龙门楼，初中三年他都是在先棉堂学习）。

日寇占领上海中学，陈德仁感到极为愤慨，他的内心被深深触动，爱国热情被点燃。他本来偏于埋头读书，但日寇的悍然入侵，祖国山河破碎、战乱不已，民族蒙受屈辱、惨遭欺凌，百姓饥寒交迫、备受奴役，他怎么能无动于衷呢？他毅然参加了学校师生组织的反日运动和反奴化教育运动，还参加了由进步学生姚旭（后成为中国人民解放军中将）等人组织的到中国红十字会上海国际委员会残废伤兵医院（位于古拔路，今富民路）慰问在“八一三”淞沪会战中负伤士兵的活动。

1939 年秋，刚升入高中三年级的陈德仁经同宿舍的同级同学杨大雄（1945 年 6 月 21 日在柳州抗战前线壮烈牺牲，1997 年被上海市追认为革命烈士）等介绍加入了三民主义青年团（简称三青团），因为当时三青团还在筹备时期，他和其他同学都没有领到三青团团证。

随着高三年级的毕业考试临近，他开始专心准备升学考试，团内的活动无暇顾及。久而久之，渐渐淡出，直至完全断绝了联系。

上中学的几年里，陈德仁经历了许许多多。有考入向往学校的喜悦，有学习中的压力，也有替父亲分忧的实践，更有民族蒙受屈辱的愤恨。他对日寇野蛮的侵略行径感到无比愤恨，对祖国的未来忧心忡忡，将“国家兴亡、匹夫有责”的古训埋在心底，做他力所能及的事，学而有成，报效祖国。

陈德仁

陈德仁院士传记

Academician Chen Deren's Biography

第二章

艰难求学

心怀远大抱负的陈德仁，把学习当成一种享受，从小就刻苦读书的他，以优异成绩考入国立交通大学，实现了渴求知识的梦想。

1. 考入交大

1940 年 9 月，陈德仁以在 60 名正取生中排名第四的优异成绩考入了位于上海的国立交通大学工学院电机工程系电信学门（学门相当于现在的专业），学号是 594。

交通大学是中国历史悠久的一所大学，它的创办人是晚清洋务运动的代表人物之一盛宣怀。

盛宣怀，生于 1844 年，江苏武进人，清末政治家、企业家和福利事业家。他亦官亦商，先后担任过天津海关道、招商局督办、电报局总办、太常寺少卿、太子少保、商务大臣、邮传部大臣等要职，又是一位极具实力的实业家，控制了轮船、电报、铁路、银行、纺织等中国近代实业中的一批重要企业。张之洞称其为“承上注下，可联南北，可联中外，可联官商”的官商界罕有高手。盛宣怀热衷教育事业，力倡“科教救国，实业兴邦”。1895 年，他在天津创办了北洋西学学堂，1896 年在上海创办了南洋公学。北洋西学学堂，1896 年更名为北洋大学堂，即天津大学的前身。

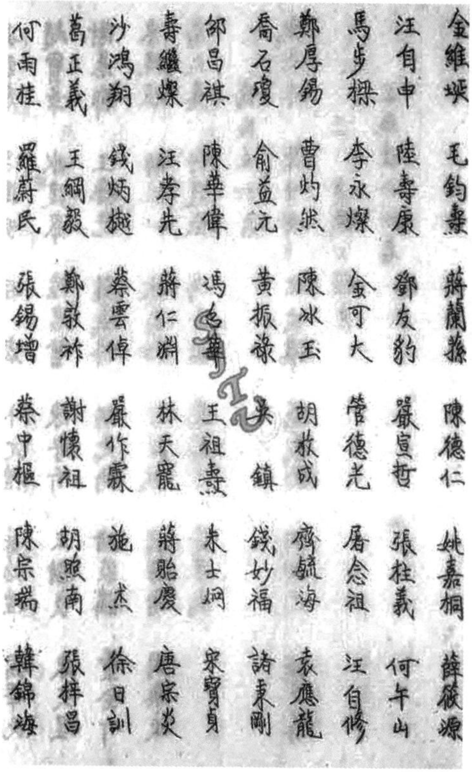

金維埏 毛鈞彝 蔣蘭蓀 陳德仁 姚嘉桐 薛筱源
汪自申 陸壽康 鄧友豹 嚴宣哲 張柱義 何午山
馬步樑 李永燦 金可大 管德光 屠念祖 汪自修
鄭厚錫 曹灼然 陳冰玉 胡敉成 齊毓海 袁應龍
喬石瓊 俞益元 黃振豫 吳　鎮 錢妙福 諸秉剛
邰昌祺 陳華偉 馮色華 王祖壽 朱士炯 宋寶貞
壽繼燦 汪孝先 蔣仁淵 林天寵 蔣貽慶 唐宗炎
沙鴻翔 錢炳璣 蔡雲倬 嚴作霖 施　杰 徐日訓
葛正義 王綱毅 鄭敦祚 謝懷祖 胡煦南 張梓昌
何雨桂 羅蔚氏 張錫增 蔡中樞 陳宗瑞 韓錦海

国立交通大学电机工程系
1940年正取生名单

南洋公学校门

20世纪30年代交通大学校门落成

1921 年，南洋公学改称交通大学上海学校，隶属于交通部，是国内以理、工、管结合为主要特色的一流高校，抗战前享有“东方 MIT”（东方的麻省理工学院）的美誉，被“现代大学之父”蔡元培先生誉为“全国造就建设人才最高学府”。孙中山先生曾两次莅临该校，勉励师生“奋发学习，掌握科技，以期在不远的将来迎头赶上欧美强国”。

交通大学上海本部坐落在上海市郊西南角的徐家汇。徐家汇在当时属于法租界。

交通大学有着自己独特的办学传统和教育风格，校训为“精勤求学、敦笃励志、果毅力行、忠恕任事”。交通大学工学院出于科学救国、工业救国的思想，以及为学生毕业后就业的考虑，十分重视实用能力的训练和知识视野的拓展，要求学生们不仅要博学多识，有扎实的专业知识基础和相当的实际工作能力，还要善于独立思考，掌握治学方法，以便为日后服务社会和进一步深造打下基础。

在 20 世纪 20 ～ 30 年代高等工程院系的学科设置中，电信学是作为电机工程科（后称系）内的一个学门开办的。交通大学作为我国创办电机工程科最早

交通大学上院

（1908 年）的工科大学，早在 20 年代初就开办了电信学门。经过十几年的发展，到 1937 年抗战爆发前，交通大学电机工程系电信学门已入佳境，无论师资、课程，还是图书、设备都堪称国内一流，历年毕业生近千人，服务于电机工程界各部门，成绩卓著，人才辈出。在中国电机工程师的培养方面，交大电机工程系起步最早，贡献最大，所以有“电机工程师的摇篮”之称。

交通大学良好的学风和浓厚的治学气氛，深深地感染了陈德仁。特别是工学院“科学救国、工业救国”的思想对他产生了非常重要的影响。他知道，科学能让国家变得强大，他只有努力学好科学文化知识，才能为国家救亡图存、发达强盛的大业尽一份绵薄之力。

清晨时分，操场上能听到他朗朗的读书声；课

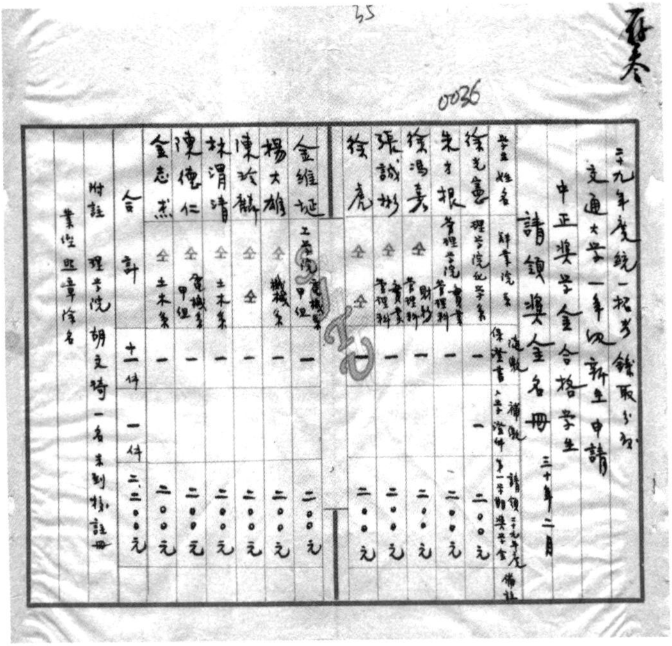

交通大学一年级新生申请
中正奖学金合格学生名单

余时间，图书馆里留下他寻求知识的身影。他如饥似渴地学习，在知识的海洋中徜徉。

功夫不负有心人，在交通大学学习的两年中，他的学习成绩一直名列前茅，每年都获得中正奖学金（国民政府为奖励优秀学生设立的最重要的奖学金之一，用蒋介石的字“中正”命名，以示该奖学金的重要性）。第一年申请中正奖学金时，他的成绩在电机工程系排名第一，全校一年级排名第三。

除了努力学习之外，陈德仁还虚心学习别人的优点和长处，取长补短。他同班的一个同学写得一手极为漂亮的小楷字，让同学们非常羡慕。他见猎心喜，开始学起小楷字。他的毛笔字本来就有一定的功底，上手非常快，加上坚持不懈的刻苦练习，很快也写出了一手漂亮的小楷。

在陈德仁的自传中、在他的笔记本里、甚至在他的办公桌的台历上，都留下了工整的小楷字。无论是毛笔、钢笔、圆珠笔还是铅笔所写，字虽写得密密麻麻，

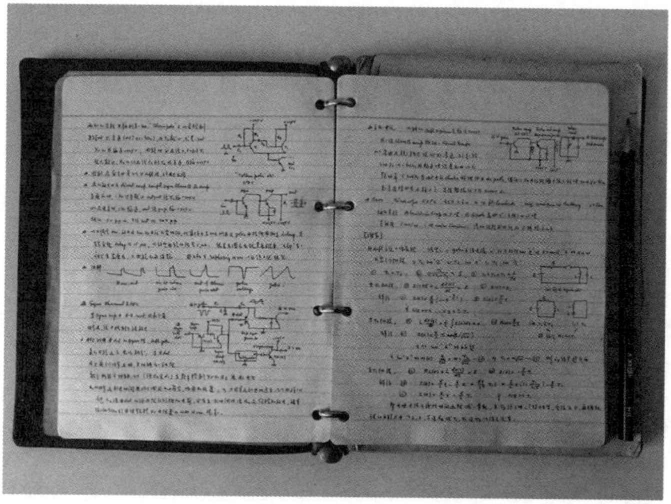

陈德仁笔记本手迹 —— 电视机电路原理

但都工整而清晰。这样的风格一直伴随他一生。

2. 愤而停学

时间如白驹过隙，大学生活的前两年转瞬即逝。当陈德仁开始憧憬新学年时，他的人生迎来了一次重大转折。

1941 年 12 月 7 日，日本偷袭珍珠港。12 月 8 日，美英向日本宣战，太平洋战争爆发。

自抗日战争开始后，上海的公共租界和法租界因为受到英法美等国的庇护，宣布中立，暂时成了日伪沦陷区中的“孤岛”，处在日本军队包围之中。租界实际控制区，即“孤岛”的范围，大致为东起黄浦江，南至人民路，西达法华路，北至苏州河。该区域有军队把守，装置铁丝网，构筑工事。

然而，抗日战争远未结束，世界范围内的反法西斯战争进一步扩大了，“孤岛”相对的安全地位岌岌可危。1940 年，由于欧洲战事爆发，驻沪租界的英军撤退，租界的防守更加空虚，环伺周围的日寇对租界虎视眈眈。太平洋战争一爆发，日寇就悍然进驻上海公共租界，直接对租界进行法西斯统治。

旷日持久、不断恶化的战争环境让上海一度繁荣的高等教育日渐萧条。同济大学、大同大学、复旦大学、暨南大学等高校的主体相继离开上海，转移到内地办学。

交通大学是在上海租界避难的一所最出名的大学，面临着生死存亡的严峻考验。由于交通大学在性质上是属于国民政府办的国立大学，加上声名远播，于是成为日伪政权重点盯防和改造的对象。

1942 年 8 月，日军进入上海法租界。在汪伪政权威胁要接管交通大学的危急关头，重庆国民政府宣布将交通大学迁往重庆九龙坡，建立交通大学重庆学校，留在上海部分称之为分校。不久，在日军刺刀的威逼下，孤岛租界被日伪占领，更是被迫在名义上承认汪伪政府的领导，租界的交通大学分校也被迫接受汪伪政府的管辖。这一消息传来，由于不愿做亡国奴，交通大学部分师生愤而出走，前往重庆交通大学本部。有的师生则干脆停课辍学，寻求其他出路，留在学校的师生也感到无比的屈辱和愤懑。

日伪势力为了更好地占领交通大学，于是物色那些品学兼优、有一技之长的学生为他们做事，这样可以起到号召作用。因为陈德仁品学兼优，年年都能得到奖学金，在工学院有一定的名气，也由此进入日伪势力的视线。

1942 年年初，陈德仁回家度寒假。适逢日伪清乡，他被巡逻队无故羁押，当晚虽然获得保释（家里付出了很大代价才将他保释），但他对巡逻队的嚣张行为无比愤恨，更痛恨卖国求荣的汪伪汉奸势力。寒假过后，他回到上海继续就读。

可惜好景不长，这个学期才上了三个月，日伪势力要找他谈话，他非常愤慨，坚定地表示:“我绝不当卖国求荣的汉奸！”激于义愤，不愿为日伪做事，他主动停学，悄悄逃离交通大学回到了自己的家乡。

回到家乡不久，他就病倒了。一心想学成报国的他，已不能继续学业，心中十分沮丧；加之日伪势力嚣张，国家的前途和命运堪忧，泱泱中华竟然如此受日寇欺辱，心情无比愤慨。愤怒和沮丧郁积在心中，致使他生了一场大病。病愈后，他一直在家坚持自学，不想荒废学业。不久，他接到给他治病的唐一鸣医生的邀请，请他去无锡私立青城中学担任数学教员。国家蒙难，百姓纷纷逃难，学子颠沛流离，求学无比艰难。一想到万千学子和他一样因为战乱不能继续学业，他心中的悲愤无法用言语表达。他觉得自己应该做些什么。因此，他没有丝毫犹豫，接受了唐一鸣的邀请，决心用自己所学的知识去帮助那些莘莘学子。

唐一鸣是前洲唐氏家族的一员，极为关心家乡教育。他见陈德仁是交通大学的高才生，在当地小有名气，由于交通大学被日伪占据而无法继续学业，于是极力邀请他到家乡任教。

无锡私立青城中学创建于 1938 年。无锡县知名人士唐怡斋和唐凤曾在“子不可不学，地方不可无校，民族不可少文化”思想的影响下，决定在前洲镇创办一所中学，维系并振兴民族文化。他们的这一主张得到了很有名望的郁秉坚和郁秉刚两兄弟的鼎力支持。当地父老乡亲和家乡富商纷纷慷慨解囊，捐资办学。1939 年 2 月，无锡私立青城中学正式开学，设初中三个班，1940 年增设高中部。青城中学坚持民族大义，拒绝向日伪教育部门备案，选用抗日爱国教材，在校园内进行抗日宣传活动。在前洲镇周边几十公里的地域，青城中学是一个非常响亮的校名。武进、江阴和苏北的靖江等地，都有青年学生慕名来青城中学就读。

1942 年秋，陈德仁开始为初中一年级学生上数学课。他教学非常认真，讲解仔细，条理清晰。虽然只为学生上了一学期的数学课，但给学生们留下了非常深刻的印象，深受学生们欢迎。上海师范大学化学系教授诸洵治在他的回忆文章中写道：“我们的数学老师陈德仁，是交通大学电机工程系在读的大学生。日寇占领上海租界后，交通大学分批内迁，陈德仁老师从上海返回故乡，给我们上了一学期数学课。他思维敏捷，讲课深入浅出，听他的课不用复习，即能解作业题。”

经过历史变迁，当年的无锡私立青城中学，现在已更名为“无锡市前洲中学”。

3. 赴渝求学

1940 年秋，由于抗战和后方建设急需工程技术人才，交通工程界人士尤其是交通大学校友们希望在重庆重建交通大学。于是先在陪都重庆小龙坎筹建了交通大学分校，后又逐渐扩建，于 1942 年 8 月在重庆九龙坡建立国立交通大学重庆总校，共设电机、机械、航空、土木和管理五个学系，其中电机系分为电力、电讯两学门，为全校学生最多的一个系，有学生 163 人，占学生总数的 33.3% 。新校舍占地近 500 亩，大礼堂、教职员宿舍、操场、工房、饭堂等都较为齐全。

九龙坡地处距重庆市大约 20 公里的嘉陵江畔，远离闹市，环境优美，在烽火连天的战争年代也算是个安静的教读场所。但是，与其他内迁院校一样，国难期间的交通大学校舍简陋，图书仪器稀缺，生活条件无比艰苦。

陈德仁在青城中学教了一学期数学课后，消息传来：交通大学已迁到重庆，改名为国立交通大学重庆总校，重新开始办学。不少交通大学未毕业的学生纷纷奔赴重庆继续学业。他那颗已经沉寂下去的心又开始活跃起来。

中华民族遭遇国难，民族义愤积压心头，让他彻夜难眠。他不甘心做亡国奴，愤恨日伪的反动统治，不满社会上的颓败风气。他一直坚信科学能让国家更加强大。因此，他渴望继续自己未完成的学业，学好本领，将来能为国家和民族作出贡献。

考虑再三，他下定决心，要赴重庆到交通大学继续学业。因为路途遥远，兵荒马乱，加上日伪势力重重封锁，安全难以得到保证，家人都非常担心。明知山有虎，偏向虎山行，他下定求学的决心。陈菊生虽然十分清楚此行的危险，但见儿子意志坚定，就对他表示："不管怎么样，我支持你。"

得到父亲的支持，他更坚定了信念，于是向青城中学校方递交了辞职申请，准备赴重庆继续学业。青城中学校方得知他要奔赴重庆，充分理解他的志向，很快就同意了他的辞职申请，并为他送行。

1942 年冬，陈德仁和几个同学从常州出发，踏上了远赴重庆的求学之路。沿途取道江苏、安徽、江西、湖南、广西、贵州等省，主要靠步行前往重庆。兵荒马乱、交通不便，他们只能断断续续乘车或乘船、更多则是步行跋涉。一天下来疲惫不堪，实在饿了才买些干粮充饥。有时一天水米不沾，饿过了劲。晚上休息时，如运气好，找到个客店、驿站打个地铺，地铺也就是在地上铺点稻草而已，又破又脏，遇到雨雪天，又冷又湿，极为难受，常常彻夜无眠；更多的时候，荒郊野岭，连这样的住宿之处亦不可得。

由于路途不熟，他们像无主的孩子，大部分时间是走走停停，绕来绕去。一路上硝烟弥漫，战火不断。只要听说前方不安全，他们就不得不折返回去，另寻安全路径。可是，华夏大地满目疮痍，生灵涂炭，几乎没有真正安全的地方。极目望去，尽是破碎的家园和离乱的民众，难民队伍充斥着老弱病人的痛苦呻吟与儿童啼饥号寒的悲声，沿途不时可以见到倒毙的尸体，不由得顿生人间何世之感。

为了躲避日伪势力的封锁搜查，大家最终走散了。陈德仁与同学们失去了联系，无奈之下只得一人独自前行。大家在一起，相互扶持，辛苦得以缓解。但是一人走路，寂寞、劳累、困顿加倍袭来。有一天，走得实在是太累了，就在路边的大树下打了个盹，他睡得很沉，结果醒来时，发现行李竟然全部丢失，唯一没有丢失的是他贴身携带的身份证明。

此时，陈德仁孤身一人，几乎万念俱灰。真是屋漏偏逢连夜雨，心中有种上天无路、下地无门的感觉。他想到家，又想到在家中立下的誓言："一定要完成学业。"而亲身感受到的国家和民族所处的悲惨境地，亲眼目睹的老百姓们蒙受的巨大苦难，使他冷静下来，他决定只身继续前行，不管遇到什么样的困难，都要想办法克服。一夜之间，他成长了。

一路上，他央求着在老乡家里借宿，还帮老乡干点农活，换些东西充饥果腹。老乡们见他是大学生，人很实诚，又是跋山涉水去陪都重庆求学，也都愿意帮助他。

天无绝人之路。为了让奔赴重庆总校的师生能顺利到达重庆，交通大学不少校友利用在交通部门工作的便利条件，在各地车站、旅社张贴联络方法，给西去的学生提供免费的车票，还发给一定的旅费补贴。在湖南衡阳一家旅社门口，陈德仁突然看到了交通大学校友贴的联络方法，顿时喜出望外。他立刻进行联络，拿出了贴身携带的身份证明，幸运地领到了交通大学校友资助的旅费。他乘着一列装矿砂的火车，一路颠簸到了桂林，之后再设法搭车，搭不上就步行。历尽数月的艰苦跋涉和辗转劳顿，此时的陈德仁蓬头垢面、衣衫褴褛，鞋子也破烂不堪，夹在难民群中，终于在 1943 年 3 月到达了重庆。

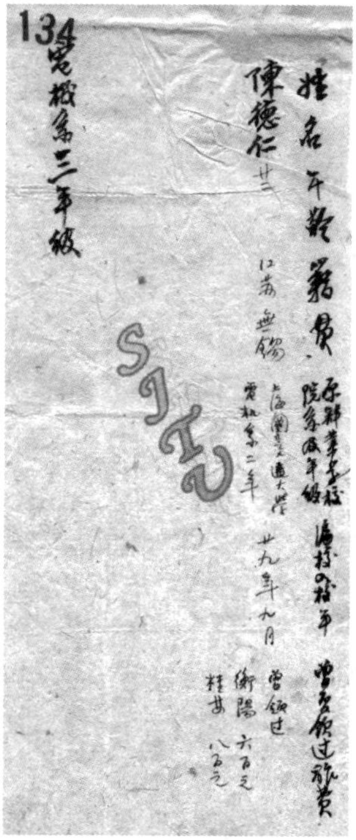
134
電機系三年級
姓名 年齡 籍貫 原肄業學校院系及年級 離校何年 曾否領過旅費
陳德仁 廿二 江蘇無錫 上海國立交通大學電機系二年 廿九年九月 曾領過 衡陽 六百元 桂林 八百元

陈德仁赴重庆求学申请补助登记

到重庆后，陈德仁找到重庆九龙坡新建成的交通大学，告知了自己的身份。校方根据他贴身携带的身份证明核实了他的身份，却告诉他学校已经开学，由于他来迟了，必须和其他晚到的同学一起参加入学考试。只有通过入学考试才能够复学；如果成绩突出，能考取前三名，还能获得奖学金。

陈德仁举目无亲，校友的那一点资助已经所剩无几，因此必须拿到奖学金，才能维持以后的学习和生活。他借宿在一个老乡家里，每天只能用一根火柴，点着一张报纸，引燃煤球，艰难度日。屋里阴暗潮湿，环境恶劣，他在这样的环境下刻苦复习，准备复学的考试。

巨大的压力，让他非常焦虑，患上了神经衰弱症。病症让他头痛欲裂，持续失眠，心情十分抑郁。老乡见他每日经受着病痛折磨，于是告诉了他一个偏方：生食那些青的、小的尚未成熟的西红柿，或许有疗效。他将信将疑，但别无他计，还是决定试一试。他捡来那些青的、小的没有成熟的西红柿，将它们作为药食。这样的西红柿有毒性，吃起来更是难以下咽。第一次吃的时候，又苦又涩，翻肠倒胃，差点吐了出来。为了充饥和治病，他还是强忍着硬是咽了下去。一次次顽强的吞咽，奇迹居然发生了，病症逐渐好转了。

苍天不负苦心人，陈德仁参加了交通大学的复学考试，成绩优异，名列前三，获得了奖学金，如愿以偿地进入交通大学继续他未完成的学业。

4. 求知若渴

环境虽然艰苦，但毕竟可以继续学习了，这是陈德仁心中最大的安慰。就此，在陪都重庆，陈德仁全身心地投入到这来之不易、重新开启的学习生活中。

由于战乱，学校条件非常简陋。教室是竹篱、糊泥为墙的简易房屋，用土坯垒起来或用木料钉成简易木架，搭上木板，便成了桌椅。学生住在竹篱、糊泥为墙的大宿舍里，一个班级三四十人挤在一大间里，喧闹拥挤，而且空气也相当浑浊。床铺分为上下两层，一个挨一个，仅有的少量桌椅供放置脸盆及招待来客之用，没有专供自习用的桌椅，要读书或复习都到教室去，条件极为艰

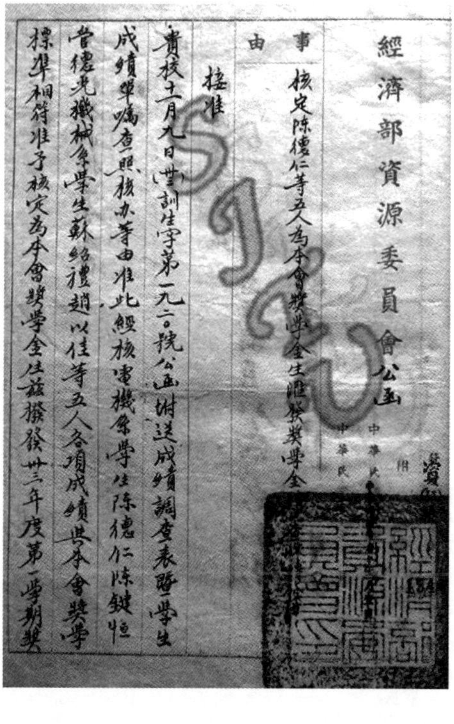
經濟部資源委員會公函
事由 核定陳德仁等五人為本會奬學金生准發奬學金
接准
貴校十一月九日(卅)訓生字第一九二〇號公函附送成績調查表暨學生
成績單囑查照核办等由准此經核電機系學生陳德仁陳鍵恒
曾德光機械系學生蘇紹禮趙以佳等五人各項成績與本會奬學
標準相符准予核定為本會奬學金生茲撥發卅三年度第一學期奬

核定陈德仁等五人为资源委员会奖学金生

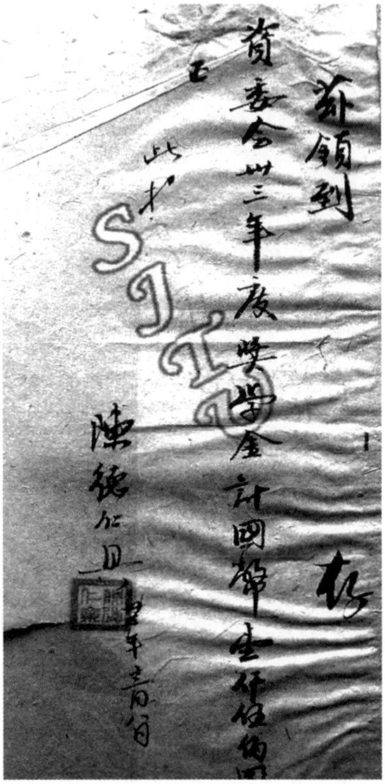
兹领到
资委会卅三年度奖学金计国币壹仟伍佰
此据
陈德仁 具
卅三年十二月 日

陈德仁领取奖学金收条

苦。重庆的卫生条件很差，有一种比蚊子还小的小黑虫，咬起人来很厉害，让人防不胜防；老鼠非常多，长得又肥又大。

“天行健，君子以自强不息。”面对艰苦的环境，陈德仁常常苦中作乐，他喜欢孟子“天将降大任于斯人也”的名言，而“苦其心志，劳其筋骨，饿其体肤，空乏其身，行拂乱其所为”，以及所有遇到的艰难困苦，都可视为人生道路上一种必要的考验和修炼。

经过教务长李熙谋批准，陈德仁开始靠贷金维持生活，一个月有二三斗米的生活费，伙食很差，米饭掺杂了许多泥沙、石子，天天都是素菜，每个月只能吃到一点肉，勉强得以度日。尽管如此，他对这种“贷金制度”还是非常感激的。没有“贷金制度”，他的学业无法继续下去。对于陈德仁来讲，贷金是他得以求学的唯一经济来源了。

抗日战争爆发以后，各地高校纷纷内迁，很多热血青年来到大后方求学。但他们的生活没有保障，读书更是困难。时任国民政府教育部部长陈立夫认为，青年人是国家未来建设的主力，不但要使他们受到良好的教育，还要解决他们的实际生活问题。为此他提议设立“贷金制度”，即“中等以上学校，家境贫寒或断绝经济来源的学生可以向国家贷款用于维持生活和学习，将来毕业后偿还。对师范生、保育生、青年军复学生、边疆学生、革命及抗战功勋子女、荣誉军

交通大学1945年8月份
战区生领取贷金人员名单

人等则实行公费生办法”。1938年2月，国民政府教育部规定，家在战区、生活来源断绝的学生即可申请贷金。贷金全额8到10元，半额4到5元。1940年，“贷金制度”改革，每人每月2斗1升米，另加燃料、油盐、菜蔬等费用。1941年，贷金分甲乙两种，甲种贷全额，乙种自交18元外，其余给予贷款。由于战时法币的贬值，陈立夫索性以教育部的名义向财政部申请，将贷金制改为公费制。“贷金制度”的实施，惠及了千千万万的学子。据统计，解放前从中学到大学，全国大约有128万人靠贷金或公费完成了学业，陈德仁就是其中之一。

堂堂泱泱中国被一个小国侵略，山河沦丧、兵燹战祸、社会动荡、时局艰难，百姓流离失所、生活水深火热，这一切深深地触动了陈德仁。国家太落后了，落后就要挨打，落后就会遭欺辱，不改变这种落后的面貌，国家就摆脱不了被侵略、被瓜分的命运。陈德仁庆幸自己学的是工科，学成之后，就能为国家的工业发展贡献自己的一份力量。对日本侵略者的痛恨，对国家前途命运的担忧，让年轻的陈德仁更加勤奋地投入到学习科学文化中。他知道，自己需要学的太多了。掌握的知识越多，将来的作为越大，就更能为国家为民族多作贡献。

交通大学素以严格要求学生而著称，课业重、课时紧、考试多、要求高。抗战时期，上海、重庆

走在交通大学重庆校区大道上的交大学生

两校区教师在万般艰难困苦中，抱着为国家培养抗日和建设人才的决心，一如既往地坚持对学生严格要求，从不懈怠。

每周上课 30 多个学时，除在期终停课进行大考之外，小考不停课，也不占用上课时间，都安排在星期天下午，因此学生们认为星期天是每周最紧张、最吃苦的日子。考试分为学期考试、临时考试、补考、甄别考试及会考五种，题量大，难度高。

在重庆学习期间，陈德仁很珍惜来之不易的学习机会，他常常看书到深夜，几乎把全部时间都花在学习上。他求知若渴，始终刻苦攻读，各门功课都学得极为扎实。每次考试，他必在前三名，同学们都非常佩服。他深知考试不是目的，而是检验自己学习效果的手段。

交通大学拥有一批学历高、知识新、乐育英才、勇于探索创新、堪称国内一流水平的教师队伍。他们大多是在欧美国家获得博士、硕士学位后回国的年轻学者，熟悉国际上本学科领域的发展状况，注重将国际上的前沿知识和研究成果及时引进到教学中，并在教学的同时坚持开展科学研究工作，使学生们学习新知识和新方法。他们都充满着强烈的爱国主义情怀，在抗日战争最为艰苦的岁月，毅然放弃国外优越的工作生活条件，怀着为国育人、科学救国的理想信念回到灾难深重的祖国，投身到教书育人与科学研究的事业中。除了教授各科课程，老师们还身体力行地传授爱国理念、弘扬自尊与自信，给学生们以潜移默化的影响。对于这些老师，陈德仁总是满怀钦佩之情。他深深感受到他们所代表的中国知识分子对国家和民族的热忱和信念，由此相信坚韧的奋斗终将赢得光明的未来！

让陈德仁记忆较深的是张钟俊先生。张钟俊（1915 ~ 1995），浙江嘉善人，自幼博闻强识，思维敏捷，人称“神童”。数次跳级后，15 岁的他考入交通大学电机系。1934 年毕业后赴麻省理工学院（MIT）攻读电机专业硕士学位。他勤奋苦学，仅用 1 年就获得硕士学位，随即攻读电机专业博士学位，同时在数学系辅修数学课程。1937 年 12 月，22 岁的张钟俊荣获 MIT 科学博士学位。他的博士论文解决了确定单相电机短路的暂态过程的响应特性问题，这是一个电机学上多年悬而未决的难题，他的博士论文受到电机学界的高度好评，认为其中提出的求解周期变化系数的微分方程的傅里叶级数法，不仅对电机学，对数学研究也是一个创新。1938 年，张钟俊放弃了 MIT 博士后研究员的优厚工作，毅然回国，先后在武汉大学、中央大学、交通大学担任电

张钟俊教授

机教授。1943 年，张钟俊在交通大学创办电信研究所，任主任，直至 1952 年该所停办。新中国成立后历任交通大学无线电系和自动控制系主任、计算机系主任、自动化研究所所长，1980 年当选为中国科学院学部委员（1993 年改称中国科学院院士），在网络综合、电信电力、信息自动化等多个领域作出了开创性贡献，是我国著名的自动化科学家和教育家。

张钟俊教授执教的是电网理论、矢量代数、方阵代数、复变函数理论等课程。他的教学方法非常新颖，不仅传授知识，还传授学生解决问题的方法。对于张钟俊教授，陈德仁一直怀着敬仰之情，认为他学识渊博，治学严谨，对于他教授的课程，总是认认真真去听，并做了密密麻麻的笔记。

课后，陈德仁对课程中所涉及的所有公式都认认真真推导一遍，对于有疑问的地方，就去请教张钟俊教授。张钟俊教授对寡言少语、勤奋刻苦的陈德仁非常欣赏，认为他这样做非常对，只有将所有公式都亲自推导一遍，才会真正掌握。而且，有些公式可能本身就是错的，尽信书不如无书。陈德仁牢牢记住了张钟俊教授的教诲。此后，只要遇到他没有见过或是没有推导过的公式，他都会认真推导一遍。

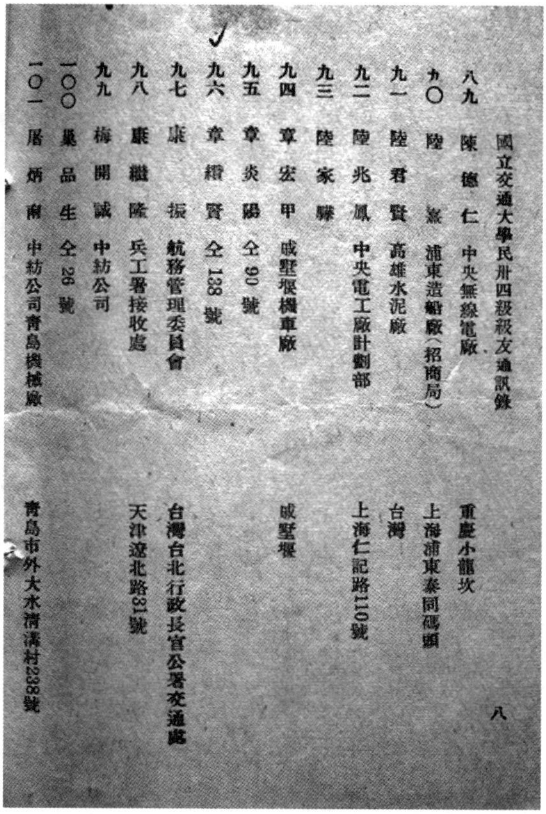

國立交通大學民卅四級級友通訊錄

八九	陳德仁	中央無線電廠	重慶小龍坎
九〇	陸熹	浦東造船廠（招商局）	上海浦東泰同碼頭
九一	陸君賢	高雄水泥廠	台灣
九二	陸兆鳳	中央電工廠計劃部	上海仁記路110號
九三	陸家驊		
九四	章宏甲	戚墅堰機車廠	戚墅堰
九五	章炎陽	仝90號	
九六	章繙賢	仝138號	
九七	康振	航務管理委員會	台灣台北行政長官公署交通處
九八	康繼隆	兵工署接收處	天津遼北路31號
九九	梅開誠	中紡公司	
一〇〇	巢品生	仝26號	
一〇一	屠炳南	中紡公司青島機械廠	青島市外大水清溝村238號

八

交通大学45级校友通讯录

陈德仁毕业之前，张钟俊教授表示要留陈德仁做他的研究生，而交通大学推荐他去国民党资源委员会中央无线电器材厂重庆分厂工作，名额有限，也非常珍贵。

陈德仁陷入了两难的抉择。是在张钟俊教授门下攻读研究生，还是去中央无线电器材厂重庆分厂工作呢？因为战争，陈德仁的父亲陈菊生失业回家，家庭经济条件已经无力支撑他继续学业，在重庆的两年里，他一直靠贷金和奖学金度日。如果继续读研，还得继续靠贷金生活。陈德仁考虑再三后，决定放弃读研的机会，进入中央无线电器材厂重庆分厂工作。

当张钟俊教授得知陈德仁的决定后，深深为他感到惋惜，但尊重他的决定。

1945 年 8 月 15 日，日本宣布无条件投降，经过长达 8 年艰苦卓绝的斗争，中国军民终于赢得了抗日战争的胜利。消息传到交通大学重庆总校，师生们奔走相告，齐鸣爆竹，整个校园沉浸在一片欢乐的海洋之中。大家敲着脸盆，热泪盈眶，欣喜若狂。陈德仁心中感慨万千，对未来更是充满憧憬。他马上要进入中央无线电器材厂重庆分厂工作，希望能凭借自己所学到的知识和本领，为国家的电信事业作出贡献。

陈德仁

陈德仁院士传记

Academician Chen Deren's Biography

第三章

立志报国

陈德仁一腔热血，立志报国。他刻苦钻研，潜心研究电信技术，得到了著名无线电专家蔡金涛的欣赏和指导。上海解放前，他拒绝去台湾，参加了反搬迁的护所斗争。

1. 刻苦钻研

1945 年夏，陈德仁以优异成绩从交通大学毕业，获工学学士学位。同年 8 月，陈德仁被交通大学择优推荐进入国民政府资源委员会中央无线电器材厂重庆分厂工作。

国民政府资源委员会成立于 1932 年 11 月，是国民党政府最主要的工矿事业机构，垄断了从重工业到轻工业，包括钢铁、有色金属、机械、电机、电力、煤矿、石油、化工、耐火材料、水泥、造纸、制糖等一系列部门。原名为“国防设计委员会”，1935 年 4 月更名为资源委员会，隶属于国民政府军事委员会，1938 年 3 月改隶国民政府经济部，1946 年 3 月，又改隶国民政府行政院。蒋介石一度兼任资源委员会委员长，实际由正、副秘书长（后改称正、副主任委员）翁文灏、钱昌照负责，其成员为军政、财经、工商、文教各界的知名人士。资源委员会的主要任务是负责全国资源的调查研究和动员开发，后来逐渐发展成为重工业的主管部门。抗日战争时期，它承担了战时大后方重工业体系建设的重任，为国民党抗战正面战场及后方军工生产提供了原材料物资保障，为中国早期的重工业发展作出了贡献，对解放后的中国重工业建设有着深远的影响。

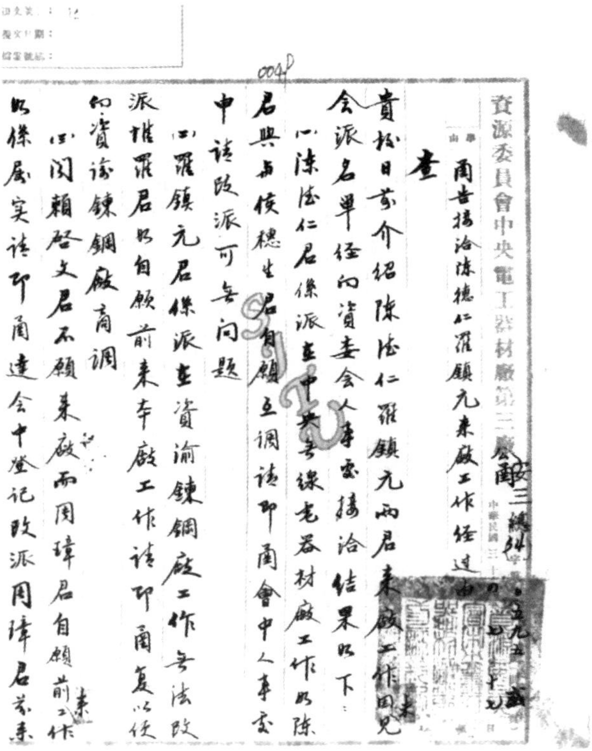
資源委員會中央電工器材廠第三廠公函

事由：為告接洽陳德仁羅鎮元來廠工作經過由

壹

貴校日前介紹陳德仁羅鎮元兩君來廠工作因見會派名單經向資委會人事處接洽結果如下：

一）陳德仁君係派在中央電器材廠工作如陳君與本廠總工程師自願互調請即函會中人事處申請改派可無問題

二）羅鎮元君係派在資渝鍊銅廠工作無法改派惟羅君如自願前來本廠工作請即函復以便向資渝鍊銅廠商調

三）閔賴啟文君不願來廠而周瑋君自願前來工作如係屬實請即函達會中登記改派周瑋君前來

交通大学推荐陈德仁入厂工作的介绍函

1939 年，从湖南长沙迁到广西桂林的原湖南电器制造厂正式更名为资源委员会中央无线电器材厂（总厂），它的两个分厂分别在昆明和重庆。湘桂撤退时，总厂毁于战火。抗战期间，重庆分厂配合总厂，供应了全国半数以上的军用无线电器材设备，为抗日战争胜利作出了贡献。

交通大学有着重视实践的优良传统，即便是缺乏试验设备，也总是想方设法排除困难，创造条件。交通大学迁至重庆九龙坡后，离资源委员会中央无线电器材厂重庆分厂不远，加上在该厂工作的交通大学校友有很多，因此交通大学经常组织学生到重庆分厂参加暑期实习。陈德仁也在该厂实习过，对该厂并不陌生。早在暑期实习期间，陈德仁就意识到，理论和工程实践不同，光有理论而无实践经验，无异于纸上谈兵。因此，他虚心向有经验的技术人员和工人师傅请教，刻苦钻研，不断提高自己的动手能力。他扎实的功底、谦虚好学的态度和严谨务实的作风，得到了重庆分厂技术人员的认可。

进入重庆分厂工作，陈德仁干劲十足，白天虚心求教，晚上刻苦研读技术资料。正因为有以前的实习经验，所以他上手很快。工作第一个月，他拿到了第一笔工资法币2万元。他极为高兴，于是给爷爷和外公都寄了一些钱回去，让家人一起分享他的喜悦心情。

实习期满后，陈德仁先后在检验组、制造二组、设计组以及研究室工作。

在检验组，他负责成品检验。检验是产品最后一道关口，必须严把质量关，不能有丝毫马虎。他严格按照指标进行检验，对于不合格的产品，坚决要求返工，直到合格才检验通过。凡是经过他手的产品，必定指标过硬，不需要再进行复检。

在制造二组工作时，他了解到产品的整个生产过程，并亲自参与到生产中，和工人们打成一片，遇到不懂的就虚心向经验丰富的工人师傅请教。热心的工人师傅手把手指导他从事生产。这段经历极大地提高了他的动手能力，也使得他在以后的设计和研制工作中，能充分考虑到各方面的细节。

进入研究室后，他主要从事军用短波电台和短波步话机的研制工作。他潜心研究短波原理，查阅了大量资料，有不懂的地方，就去向时任桂林总厂研究室主任并被派到重庆分厂指导技术工作的蔡金涛（著名无线电专家，中国科学院院士，中国电磁

1996年，航天工业总公司二院交通大学校友会成立留念（前排左九为蔡金涛，左十为陈德仁）

计量技术的开拓者，中国真空管制造技术的奠基人，中国电信技术领域公认的技术元老之一，曾任国防部五院科技委副主任、航天二院副院长兼第二总体设计部主任、航天二院科技委主任，第三届全国人民代表大会代表，中国人民政治协商会议第三、五、六届全国委员会委员）先生请教，或是回交通大学向张钟俊教授请教，直到得到满意解答为止。因为工作认真细致，肯钻研，蔡金涛先生一直很欣赏他，手把手地对他进行指导。

资源委员会中央无线电器材厂重庆分厂除了陈德仁之外，还聚集了一大批电机工程方面的人才，如蔡金涛、黄纬禄（著名的火箭与导弹控制技术专家，“两弹一星”元勋，中国科学院院士，国际宇航科学院院士，固体潜地和陆基机动战略导弹总设计师，中国航天科技集团公司和中国航天科工集团公司高级技术顾问，第六、七届全国人民代表大会代表）、张梓昌（原中国航天科工集团二院706所所长）、何午山（原中国航天科工集团二院第二总体设计部副主任）等人。

中国科学院院士蔡金涛

张梓昌和何午山都是陈德仁在交通大学的同班同学，而蔡金涛先生也是交通大学的校友。

抗日战争胜利后，中央无线电器材厂开始搬迁。1946 年 6 月，总办事处从桂林迁至上海。重庆分厂也随后搬到上海。

自从抗日战争爆发，从沦陷区搬迁至重庆的各类人员很多，如今抗战胜利，大家都急于返回，交通工具非常紧张，可谓一票难求。中央无线电器材厂重庆分厂研究室的工作人员纷纷返回上海。到后来，研究室只剩下陈德仁和拖家带口的蔡金涛了。1946 年 12 月 23 日，陈德仁才和蔡金涛一家一起，乘飞机返回上海，与研究室的其他工作人员会合。

在中央无线电器材公司研究所工作时期的陈德仁

迁至上海后，中央无线电器材厂改组为中央无线电器材公司。1947 年 7 月 1 日，中央无线电器材公司在上海完成了所有的筹建工作，中央无线电器材厂研究室也扩编成中央无线电器材公司研究所并增设了生产车间。蔡金涛先生被任命为公司总工程师兼研究所所长。

研究所位于上海提篮桥平凉路和临潼路交界处。工作场所是一座不大的临街二层楼房，里面包括了办公室、物理和化工实验室各一间、电器实验室三间、机加车间、装配车间及器材库各一间。尽管拥挤程度与上海典型的弄堂工厂差不多，但具备了从设计到生产的全部条件。工作人员有六十多人，主要来自原中央无线电器材厂的桂林总厂和昆明、重庆两个分厂，还包括了一些从国外实习或进修归来的技术人员。研究所只是公司内部的一个技术部门，并不是独立的单位，任务是开发新产品和帮助解决生产中的工艺、检验等问题，所需要的器材由公司供给，管理费用由公司负担，员工工资由公司发放。

时隔近五年，陈德仁再次回到上海，感慨万千。1942年，日军进驻公共租界，日伪接管交通大学。激于民族气节，他毅然离开上海，远赴重庆求学，那段经历历历在目。如今，日本已经战败投降，然而祖国依然灾难深重，依然贫穷落后。社会动荡不安，关于爆发战争的各种小道消息频传，物价飞涨，百姓依然贫困无助。作为一名有志青年，陈德仁多么希望能凭借自己所学到的本领为国家作点贡献，而他的希望，化为了他努力学习、刻苦钻研的动力。

两年时间内，陈德仁取得了不小的成绩。在蔡金涛先生的指导下，他研制出了声频输出计等多种实验室测试仪器，为实验室条件的改善和测试工作效率的提高作出了贡献。声频输出计专为试验收音机和扩音机之用，功效不比美国生产的差，曾经制造了多台，送南京无线电厂使用。

他研制出阻抗升高器，利用电子管反馈作用，可使任何阻抗升高千百倍，并可任意调节其数值。这在电子工程上是一项新技术，应用很广。

他还在蔡金涛先生的指导下撰写了两篇论文《负反馈式阻抗升高器》和《声频功率输出计的设计》，并在《电信建设》杂志发表。

他参与了资源牌多波段高级台式及落地式收音机，150W扩音机，10W、15W高保真扩音机样机和15W手摇发报机滤波器的研制，参与了提高小型电台天线效率、拓宽频带等的试验。研究所生产的资源牌收音机，品质可与美国生产的相媲美，一经投产便在国内受到广泛欢迎。

他参与设计完成的中频变压器检验器，使得中频变压器的调节是否适宜、声频放大器的性能是否优良等检验问题，通过简单的测试便可一目了然。

2. 重大选择

1948 年冬天，中央无线电器材公司研究所已经成立一年多，刚推出了自己研制的新产品：资源牌八灯电子管高档收音机、交流稳压器以及收音和自动换片的收音电唱两用机，投入市场后即热销，供不应求。初战告捷，陈德仁和其他研究人员都信心满满，准备研制出更多的无线电产品。

但是，这时国统区的局势正一步一步恶化。1948 年 11 月 1 日，物价管制解冻，金圆券崩溃，物价开始飞涨。那时，人们一拿到工资就急匆匆跑到银行排队，等候兑换银元，还能有一点保值的作用。考虑到这种情况，研究所为解职工后顾之忧，发工资时，直接把金圆券兑换成银元发到职工手中，但面对物价的飞涨，谁都无能为力。陈德仁就是在这样的恶劣环境下艰难生存着。

陈德仁的家位于上海虹口区。1948 年年底，虹口区正是解放军和国民党军队交战的中心，日夜炮火不断，非常危险，人们不得不逃离那里。出于对陈德仁一家安全的考虑，蔡金涛先生主动提出让他们住到自己家里。盛情难却，陈德仁和新婚夫人徐瑞芝搬入了蔡金涛先生家中。蔡金涛先生把自家住的石库门住宅的厢房腾出来，让陈德仁夫妇住进去，同时要求自己的子女不要再从大门进出，出入都走后门，怕吵到陈德仁夫妇。石库门住宅，是指住宅单元出入采用石库门式样大门的住宅，几乎遍布全市大小弄堂，是上海民居中一种重要的类型。石库门住宅模仿欧洲联排房屋的特点，又融合北方“四合院”的空间布局与文化韵味，既美观又实用。石库门分为老式石库门和新式石库门。蔡金涛先生住的是老式石库门，类似于北方的“四合院”建筑，进入大门是个天井，天井旁边是厢房，陈德仁夫妇就被蔡金涛先生安置在厢房内。陈德仁和徐瑞芝对这段经历难以忘怀，非常感激蔡金涛先生，一直尊蔡老为自己的恩师和挚友。

上海解放前夕，研究所的技术人员人心惶惶，都在为今后的命运担心。他们一方面对国民党政府的腐败无能完全丧失信心，一方面对共产党还缺乏了解，但这些想以科学报国的科技人员一致的想法是，希望在安定和平的环境中多出技术成果，使国家逐步强盛起来。

国民党当局在内战中节节败退，开始筹划后路，已经有了将大部分工厂迁往台湾的动议。此时其党内的关系与斗争也十分复杂。1948 年，国民政府资源委员会委员长孙越崎已同共产党取得联系，拒绝执行蒋介石的搬迁命令。资源委员会中央无线电器材公司作为国民政府最重要的高科技企业，所有的设备都已经被拆除搬到码头，准备装船运往台湾。孙越崎在共产党南京地下组织的帮助下，趁蒋介石先行离开南京的机会，在代总统李宗仁的同意下，下令将这些设备重新运回南京城。

位于上海的中央无线电器材公司研究所是个技术精英聚集的地方，自然也成为国民党政府动员搬迁的重点单位。1948 年 12 月，中央无线电器材公司总经理马师亮来到研究所传达了国民党关于搬迁台湾的指示，要求立即行动，全所上下全部迁往台湾，重要物资一律装箱，准备发运。研究所成立了搬迁筹备组，由所长秘书潘德钦负责，成员有陈德仁、张梓昌，还有几位车间工人。其中陈德仁负责图书，张梓昌负责仪器，车间工人负责机床拆运。研究所里还有一份未公开的“钦点”赴台人员名单，其中就有陈德仁的名字。

搬迁台湾之事在研究所里一传开，众人哗然，群情反对，多数人表示不愿意背井离乡。尽管陈德仁一心扑在技术上，然而对国民党政府的腐败和无能印象深刻，他早就对国民党政府感到无比失望。是走，还是留？陈德仁打心底不想去台湾。但是，上海还没有解放，国民党军队仍然控制着上海，如果坚持不去台湾，人身安全就得不到保障。陈德仁一时陷入两难。

徐瑞芝是进步学生，曾参加过学生运动，接受过党的教育。两人商议后，陈德仁下定决心：坚决不走，要留在这里。

经过一番波折，最后上层领导决定，人员去留自便，但物资必须运走，不得有违。事实上，马师亮、蔡金涛等公司领导对搬迁台湾并不积极，虽然有布置但并没有实际落实。仪器设备和图书装箱任务布置后，陈德仁和其他负责人冒着生命危险，以各种借口，消极抵制，拖延时日，并得到了多数人的支持。

国内局势的迅速变化，使上海军政当局的官员心急火燎，他们亲自出马到所里来动员，几乎每隔几天就上门一次。面对这些反复上门督催逼迫的官员，研究所领导一再推脱，借口搬迁的时间太仓促，台湾太小，不具备基本的研究条件等，尽力拖延。在公司上层的敷衍和基层的抵制下，一直拖到了 1949 年 3 月，国民党政府阵脚已乱，自顾不暇，搬迁压力从此消减，陈德仁等人才终于松了一口气。陈德仁积极参与的这项反搬迁的护所斗争，前后历时 4 个多月。

庆祝上海解放游行

3. 调往北京

1949年5月27日，中国人民解放军乘攻克南京的赫赫军威，胜利结束了历时15天的上海战役。随着盘踞在杨树浦区域的最后一股国民党军队向解放军投降，上海这个被称为东方巴黎的工商业城市和金融中心终于回到了人民手中，获得了新生。陈德仁与全上海人民一起迎来了上海的解放。

入驻上海的中国人民解放军军纪严明，晚上宁愿露宿街头、屋檐下，也不愿打扰百姓。他们对百姓秋毫无犯，而且和上海百姓非常亲近，小孩子都能和他们玩闹，有的人家甚至开门迎接他们进去，这与国民党军队有着本质的不同。通过鲜明的对比，

涂作潮

陈德仁切实感受到共产党有能力、有办法来领导、管理这个国家，对国家的发展前景渐渐树立了信心，对新中国的未来满怀憧憬。

1949 年 6 月 19 日，以陈毅为首的上海市军事管制委员会，一天之内连发两份序号均为 1 号的委任状，正式委任涂作潮为接管国民党资源委员会两个大型官办企业中央无线电器材公司和中央有线电器材公司的军代表。事实上，早在 5 月 29 日，涂作潮就带着接管人员进驻了中央无线电器材公司和中央有线电器材公司。

涂作潮 1924 年 5 月加入中国共产党，曾在苏联参加过特工技术培训并学习无线电技术，后在潘汉年的领导下筹建和恢复党在上海的秘密电台，是电影《永不消逝的电波》中主人公李侠原型英雄发报员李白的师傅，由于李白突然被捕，涂作潮接到党组织的命令后立即离开了上海。在中共隐秘战线，涂作潮是大名鼎鼎的传奇人物，代号“木匠”。“涂木匠”是周恩来总理对涂作潮的昵称。

慧眼识真金，涂作潮接管中央无线电器材公司研究所并在此工作一段时间后，很快发现研究所是个藏龙卧虎的地方，20多名工程师身手不凡，虽然他们没有多说在国民党时期自己的具体研究项目，但技术成果斐然却是不容置疑的。涂作潮意识到这些技术人员将是建设新中国不可或缺的宝贵人才，就按照花名册对人员进行清点，当他发现技术人员王安（著名的美籍华裔科学家、发明家和企业家，在美国创办了著名的王安电脑公司，被称为“电脑大王”。1940年毕业于交通大学电机工程专业，1945年赴美留学，1948年在哈佛大学获应用物理学博士学位。1986年成为美国第五大富豪，1986年荣获美国总统自由奖章，1988年荣登美国发明家名人堂）抗战时期由研究所派到美国学习未归时，立即下令，所有技术人员一律不准辞职。同时，他很快对这些技术人员进行政治审查并做出结论，使这些技术人员放下包袱，轻装上阵。

在涂作潮和所有技术人员的共同努力下，中央无线电器材公司的恢复工作得以顺利完成，无论对上海的重建，还是对新中国无线电工业的起步都发挥了很大的促进作用。特别是在新中国成立不久后的抗美援朝运动中，中央无线电器材公司在军品生产中作用非常大，这些成绩的取得都离不开涂作潮的心血和汗水。

解放初期的陈德仁

1949 年 6 月，在涂作潮的主持下，中央无线电器材公司研究所成立了所务管理委员会，成员有蔡金涛、冯道生和黄纬禄 3 人。冯道生也是一个传奇人物，曾在研究所车间当管理人员，解放军过江前夕为了给解放军传递情报携带通信仪器悄悄离开研究所。失踪了几天之后，研究所领导才知道他其实是中共地下党员。他的不告而别引起了国民党的警惕，也一度给陈德仁等人的护所工作带来巨大的压力，好在当时国民党政府自身难保，护所工作才能坚持到上海解放。

1949 年 11 月，研究所被划归华东工业部电器工业处，研究所就此从中央无线电器材公司中独立出来，改称上海电器工业研究所。由于上海电器工业研究所属于电器工业处代管单位，其经费和管理都要由所里自己负责。研究所面临着自己找活干的局面。

在涂作潮接到命令即将离任之际，给军委通信部部长王诤写了一封信，详细介绍上海电器工业研究所技术人员的状况和他们的研究成果。这封信对上海电器工业研究所这些技术人员的未来，以及后来我国国防工业诸多领域的初创

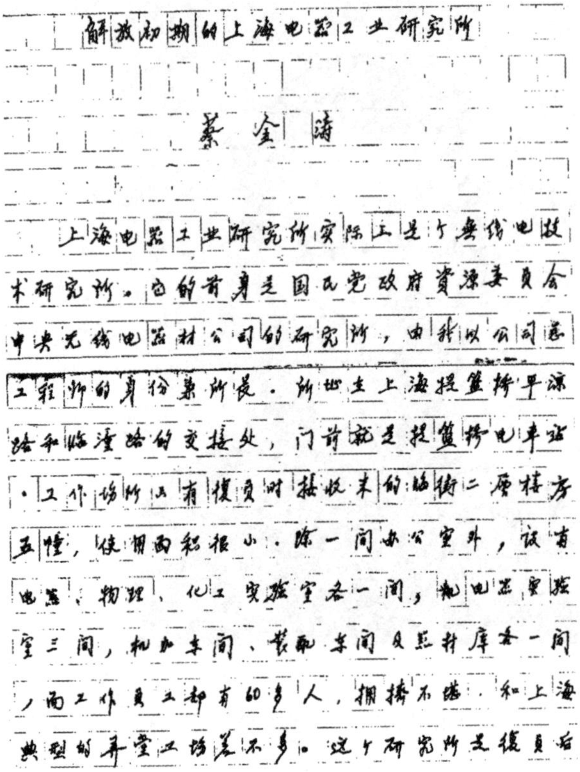

解放初期的上海电器工业研究所

蔡金涛

上海电器工业研究所实际上是个无线电技术研究所。它的前身是国民党政府资源委员会中央无线电器材公司的研究所，由我以公司总工程师的身份兼所长。所址在上海提篮桥平凉路和临潼路的交接处，门前就是提篮桥电车站。工作场所只有复员时接收来的沿街二层楼房五幢，使用面积很小。除一间办公室外，设有电器、物理、化工实验室各一间，[illegible]电器实验室三间，机加车间、装配车间及器材库各一间，而工作员工都有60多人，拥挤不堪。和上海典型的弄堂工场差不多。这个研究所是复员后

蔡金涛先生关于解放初期上海电器工业研究所的记述

与开拓，都产生了极为深远的影响。

王诤（中国电子工业奠基者之一，1955 年授中将军衔。解放前任总参三局局长，解放后先后担任国家邮电部副部长，中国人民解放军通信兵部主任，原国防部五院副院长兼二分院院长，后又陆续担任四机部部长兼党组书记，中国人民解放军副总参谋长）仔细阅读了涂作潮的信，如获至宝。他非常重视这批不可多得、极其宝贵的电子工程技术人才。尽管该所并不属于通信兵系统，王诤还是时时关心并经常到这个研究所了解情况。最终，通信部给予上海电器工业研究所很大帮助。

王诤将军

1949年9月，根据《中华人民共和国中央人民政府组织法》第十八条的规定，设置中央人民政府重工业部。

1950年10月下旬，重工业部电信工业总局在北京召开第一次全国电信工业会议，邀请上海电器工业研究所参加。蔡金涛所长与黄纬禄、蒋家仁一起出席了会议。会后他们向王诤汇报了工作。王诤作了明确指示，上海电器工业研究所将在数月后迁来军委通信部，搬迁前暂时在原地工作。工作任务在部内由总工程师负责安排，日常公事可就近向华东工业部电器工业处请示，经费按月造册向通信部请领。不久，王诤派人来所主持了清点工作，研究所的去向有了着落，人心大定。陈德仁也对未来的工作充满信心，决心为新中国的建设贡献自己的一份力量。

1951年四五月间，蔡金涛、黄纬禄、蒋家仁再次来到北京，查看候选所址和房舍，权衡之后，还是决定在通信部另建新楼做迁所准备。

1952年下半年，王诤派人来研究所主持搬迁工作，整个研究所有约30名

迁到北京后的陈德仁

科技人员被调往北京。随着研究所的搬迁，陈德仁举家迁至北京。

上海电器工业研究所迁入北京后，更名为电信技术研究所。从此，蔡金涛、陈德仁等人在王诤的直接领导下，为新中国电信事业的发展开始了新的征程。此时研究所约有120人，1953年至1954年间发展到三四百人。

4. 电信专家

随着电信技术研究所的建立，陈德仁随同上海电器工业研究所转入了军队建制的军委通信部。

电信技术研究所包括八个研究室，分别为天线、电波、通信、保密通信、雷达、载波机、理化仪器、编译；一个行政办公室，其中包括人事、计划、秘书、总务、图书资料组和工会等；一个试验工厂，包括机工、装配、石英晶体三个车间。电信技术研究所的第一任所长和党支部书记由边拱担任。他是一位深得王诤信任、20 世纪 30 年代就投奔延安的老革命。

经过 4 年多的不懈努力，电信技术研究所从小到大，由弱及强，实现了质的飞跃。在全体工程技术人员的通力合作下，到 1957 年，该所共为军队系统研制、装备各种通信机械 32 种，设计笼形、鱼骨形、菱形天线 16 种，研制化学电源 16 种，生产各类机器设备 470 余台（套），建立电离层观测站 9 处，开发用于半导体原材料的海南水晶矿 30 余吨，全所工作人员由初建时的 100 多人发展到 600 多人。在这 600 多人中，有 30 多位是国内电信科研领域的顶尖人才，陈德仁即是其中之一。这些中青年专家后来都成长为我国通信、雷达、天线、电波、侦察干扰、导弹控制和测试等领域的开拓者或者学术带头人。电信技术研究所的建立，揭开了我国电子工业发展的新篇章。

陈德仁在保密通信研究室工作。保密通信研究室的主要研制任务自然是在军用保密机上，为我国的保密事业做了大量工作。陈德仁主要负责军用保密终端机滤波器的研制工作。保密通信研究室研制的军用保密机体积小到可以安装在电话机的机座上。解放初期，我国在军用保密机方面技术和情报资料很缺乏，人们对军用保密机的认识水平不高，国内的工业水平比较低，在这种情况下，他们能够把军用保密机做得如此之小，是很不容易的。

除了研制军用保密机外，他们室还多次接受紧急任务，均较好地完成了。新中国成立不久，电信技术研究所接受了政治协商会议筹备组的一项任务，要研制一种能够有效解决“多话路间干扰”问题的话筒设备，并赶在即将举行的政治协商会议上使用。

接到任务时，离会议召开只有一个星期的时间。会议上，毛泽东主席要用此设备讲话。时间紧，任务重，责任大。

研究所的领导又一次把任务交给了保密通信研究室。因为前一年，保密通信研究室用了不到两周的时间，研制出了“话音控制多麦克风话路通断扩音系统”，并在第一届全国人民代表大会第一次会议上使用，受到与会人员的好评。

陈德仁在资源委员会中央无线电器材厂重庆分厂工作时，就从事军用短波电台和短波步话机的研制工作，他自然成为了研制小组的技术骨干。

时间紧迫，现有的资料很少，此任务在技术上难度大。最初提出的方案一个一个被否决，时间一点一点在流逝，但是，陈德仁等人要拿出合格产品的信心一丝一毫也没有衰减。

“如果这样有可能解决噪声的问题……”陈德仁的想法打开了大家的思路。大家围绕着他的想法，经过几天的讨论，最终拿出了一个比较全面的可行性方案。最终，毛泽东主席在政治协商会议上的讲话没有受到任何声音干扰的消息传到保密通信研究室，大家都非常高兴。陈德仁也更加坚定信念，要为党、为国家多作贡献。

他在技术上更加潜心钻研，尤其在滤波器设计理论上颇有建树。他在参数设计上允许通带衰减量有一定的变化以换取阻带较大衰减，在网络结构上采用尽量少的电感器和小容量电容器，使综合性能满足了整机设计要求，达到了国内先进水平。

1956 年，他参加了军用传真机和军用电视的方案论证工作，为这些产品的研制创造了条件。他还和黄纬禄、张梓昌一道将俄文版《调频》一书翻译成中文，1957 年由邮电出版社出版，方便了科技工作者阅读。

1956 年，通信兵部电信技术研究所进行技术评级，陈德仁被评为四级研究员，是当时为数不多的有高级职称的工程技术人员。

陈德仁

陈德仁院士传记

Academician Chen Deren's Biography

第四章

投身航天

1957 年，陈德仁调入国防部五院二分院。从此，陈德仁踏上航天征程，成为中国第一代航天人，开始从事他毕生所热爱的航天事业。

1. 结缘导弹

20世纪50年代中期，新中国经过三年经济恢复时期和第一个五年计划的实施，国民经济和科学技术有了一定的发展。但是，美国对中国虎视眈眈，在中国台湾、日本、南朝鲜（韩国）等地部署军事力量，对中国大陆形成“半月形包围圈”。党和国家领导人提出，必须要发展新中国的国防事业，尤其是导弹、原子弹等尖端武器，以应对美国的军事威胁，在战略上给予还击。然而，中国国防建设所需的一些重要学科及相关科研工作基本上没有，尤其是先进的尖端武器领域，更是一片空白。

1956年2月17日，著名科学家钱学森应周恩来总理的要求，向中央提交了《建立我国国防航空工业的意见书》(以下简称《意见书》)。钱学森在《意见书》中提出了我国火箭、导弹事业的组织方案、发展计划和一些具体措施。2月22日，周总理将《意见书》送毛泽东主席审阅。28日，周总理又将《意见书》印发中央军委秘书长、国防部副部长黄克诚大将和中央军委各委员。钱学森的《意见书》受到了中共中央和中央军委的高度重视。

1956年3月14日，周总理主持召开中央军委会议，传达了中央关于组建航空工业委员会的决定。4 月，中央批准成立航空工业委员会，其直属国防部领导，国务院副总理聂荣臻元帅任航空工业委员会主任。此时，中央发展导弹的规划正式启动。

航空工业委员会成立之后，为了能够顺利地实施和贯彻领导的指示，拟成立国防部五局和五院。1956 年 5 月 10 日，聂荣臻副总理向国务院、中央军委提出《建立我国导弹研究工作的初步意见》的报告。该报告建议：1. 在航空工业委员会下设立导弹管理局，统一领导导弹的研究与生产工作，由钟夫翔（后任邮电部党组书记、部长，第十一届中央委员会候补委员）任局长，钱学森任总工程师；2. 建立导弹研究院，钱学森兼任院长，该院的主要任务是负责导弹结构及动力方面的研究、设计与试制工作，并对控制系统提出技术条件。当时，为了保密起见和对外联络，经国防部彭德怀部长、黄克诚副部长同意，将导弹管理局和导弹研究院分别称为："国防部第五局"和"国防部第五研究院"。

在中央的直接关怀和领导下，1956 年 10 月 8 日，国防部第五研究院在北京军区空军 466 医院的食堂举行了成立大会。聂荣臻副总理出席大会并讲话，宣布国防部第五研究院正式成立，并热忱地勉励大家发扬自力更生、奋发图强精神，进行学习和研究，毕生致力于新中国的导弹事业。聂荣臻的讲话引起在场人员的热烈掌声。会上还同时宣布了中央的任命：钟夫翔任国防部五局局长；钱学森任五局第一副局长、总工程师；林爽（后任第七机械工业部副部长，党组成员）为五局副局长、副总工程师；钱学森兼任国防部五院院长，白学光（曾任中国人民解放军总后勤部政治部第一副主任，1955 年被授予大校军衔，后任中科院海洋研究所党委书记）为五院副院长。

1956 年 10 月 15 日，聂荣臻副总理就发展我国导弹事业向中央报告，提出对导弹的研究采取"自力更生为主，力争外援和利用资本主义国家已有的科学成果"的方针。17 日，毛泽东主席、周恩来总理批准了这个报告。这就是国防部五院的建院方针。

国防部五院成立之后不久，根据钱学森的意见，11 月 23 日，五院成立了 10 个研究室，并确定从地地弹道导弹、地空导弹和无人驾驶飞机三个方面入手进行研究。国防部第五研究院的成立，为我国导弹事业的发展提供了组织机构保障。1957 年 3 月，中央军委决定将国防部五局与国防部五院合并，名称定为国防部五院。

国防部五院建院之初，迫切需要抽调大量技术人员，成立于 1952 年并被王诤视为掌上明珠的电信技术研究所（后扩建为中国人民解放军军事电子科学研究院），业已聚集了国内顶尖的一批专业人才，成为被国防部五院重点关注的一个单位。

1957 年 11 月 9 日，国防部五院院长钱学森、政委谷景生（著名的“一二·九”北平学生抗日救国运动主要领导人之一，曾任中国人民志愿军第十五军政委，1955 年被授予少将军衔，后任乌鲁木齐军区政委）和王诤向聂荣臻副总理呈送了《关于导弹研究院的体制意见的报告》。钱学森、谷景生、王诤在报告中提出：以通信兵部所属军事电子科学研究院为基础，与五院的控制系统研究室、控制元件研究室、无线电研究室、计算技术研究室、技术物理研究室合并，组成国防部五院二分院，地址设在永定路地区。二分院的主要任务是负责地地、地空和飞航导弹控制系统的设计工作。

1957 年 11 月 16 日，中央批准成立国防部五院二分院，周恩来总理任命王诤为国防部五院副院长兼二分院院长。从此，国防部五院二分院（导弹控制系统研究分院）诞生了。

国防部第五研究院二分院成立后不久，二分院党委召开扩大会议，副院长廖昌林（1932 年参加中国工农红军，1955 年被授予大校军衔，后任第七机械工业部纪律检查组副组长）在会上宣布成立 12 个研究室：一室（控制系统室）、二室（防空系统、情报传递系统室）、三室（陀螺仪、自动驾驶仪室）、四室（电子计算机室）、五室（雷达设备室）、六室（无线电通讯设备室）、七室（控制元件与程序装置室）、八室（遥测设备与显示设备室）、九室（侦察干扰设备室）、十室（天线、电波室）、十一室（理化室）、十二室（无线电测试标准仪器室）和一个试制工厂，并调集了全国知名的无线电技术专家蔡金涛，以及包括吴朔平（无线电技术专家，我国导弹与航天技术的主要开拓者之一，第三届全国人民代表大会代表，第五、六届全国政协委员）、黄纬禄、梁思礼（著名火箭控制系统专家，中国科学院院士，国际宇航科学院院士，第八届全国政协委员，曾任航天工业部总工程师、科技委副主任、国际宇航联合会副主席、中国航天科技集团公司和中国航天科工集团公司科技委顾问，是著名思想家、戊戌维新运动领导人之一梁启超最小的儿子）、郝复俭（无线电与惯性器件技术专家，我国无线电与惯性器件技术的主要开拓者之一，第三届全国人民代表大会代表）、李蕴滋（无线电与制导雷达技术专家，我国防空导弹及其制导站技术的主要开拓者之一）、沈家楠（无线电与自动控制技术专家，我国导弹与航天技术的主要开拓者之一）、陈德仁、吴展（无线电天线技术专家，核军备控制研究专家，曾任国防部五院二分院电波研究室主任，后调入中国社会科学院美国研究所任副所长兼研究员)、何午山、张梓昌、乔石琼(第四、五届全国人民代表大会代表，中国宇航学会理事会理事，计量与测试专业委员会主任，陈德仁在交通大学的同班同学)、陈敬熊(电磁场与微波技术专家，我国制导雷达天线设计早期开拓者之一，中国工程院院士，现任中国航天科工集团科技委顾问、航天二院二十三所科技委高级顾问)、李波(电子对抗与电磁兼容技术专家)等在内的30多位电子技术专家。陈德仁从此迎来人生又一次重大转折，与导弹结下了不解之缘。

2. 仿制导弹

导弹武器是一个非常复杂的庞大系统，由许多个能完成一定功能而又彼此相互影响的分系统组成。导弹通常由推进系统、控制系统、弹头系统和弹体结构系统等几个分系统组成。推进系统又称导弹的动力装置，主要由发动机和推进剂供应系统组成；控制系统是引导导弹向目标飞行的自动控制系统；弹头系统就是用来毁伤目标的专用装置，也称为战斗部，弹头内装有高性能炸药；弹体结构系统是构成导弹外形、连接各分系统和承受导弹有效载荷的整体结构。控制系统犹如导弹的大脑与神经中枢，它精确地控制着导弹，使导弹保持一定的姿态，按设定的轨道飞行，从而将弹头送到预定的位置。导弹若要“飞得稳，打得准”，控制系统起着极为重要的作用。

研制导弹，在我国是一项创举。在全国工业、科技、经济等基础极为薄弱的情况下，中央决定研制地地导弹和地空导弹是何等的不容易。面对这崭新又复杂的技术，在既无资料、也无仪器设备和导弹实物的情况下开展工作，科技人员每前进一步都无比艰难。除了钱学森等少数人以外，其他科技人员都没见过导弹，人们对导弹有一种神秘感。

陈德仁原来是电信专业的，调入国防部五院之前，他被评为技术四级。但他对什么是导弹，什么是导弹控制系统了解得很少，可以说完全是门外汉。然而，在导弹事业创立初期，我国的人力、物力和财力都非常匮乏，图书资料、仪器设备、工业基础极为薄弱，国内高校根本就没有导弹专业，于是中央将国内从事相关科研工作较有所长、与导弹专业稍有关联的技术人员全部召集起来，陈德仁等人就是这样被调进来的。

这批技术人员从四面八方汇聚到了国防部五院，即将从事一项全新的工作，新中国航天事业就此掀开了开天辟地的第一页。

为了让大家了解什么是导弹，钱学森亲笔撰写了授课教材——《导弹概论》。这是中国第一部航天专业方面的教材。《导弹概论》深入浅出，通俗易懂。对为什么要搞导弹，导弹是什么，导弹的各分系统及结构，导弹所涉及到的空气动力学问题等，都有详细的描述。陈德仁仔细研读了这本教材，才对导弹有了初步的认识，但也只是停留在理论阶段，他多么希望能见到真正的导弹啊！

1957 年 9 月，为了尽快发展我国的导弹事业，以聂荣臻副总理为团长的中国政府代表团到苏联谈判。10 月 15 日，中苏双方签订了《中华人民共和国政府和苏维埃社会主义共和国联盟政府关于生产新式武器和军事技术装备以及在中国建立综合性原子工业的协定》(简称《国防新技术协定》)。协定中明确，在 1957 年至 1961 年年底，苏联向中国提供几种导弹样品和有关技术资料，以及导弹研制与发射基地建设的工程设计资料，派遣专家帮助中国仿制导弹，增加中国派赴苏联的火箭与导弹专业留学生的名额等。

根据《国防新技术协定》，当年12月24日，两发P-2导弹（苏联在P-1导弹基础上改型研制的液体近程弹道导弹）以及一套地面设备经由满洲里运抵北京。

虽然这是苏联淘汰的旧型地地导弹，可毕竟是中国当时所没有的。当P-2导弹和地面设备运抵解放军某炮兵教导大队驻地时，国防部长彭德怀元帅亲手解开了系在P-2导弹上的红绸带，他满含深情地对在场官兵说："这是苏联'老大哥'过继给我们的'儿子'，祖国把他托付给你们了，你们可要把他当作'亲生儿子'看待呀！"

导弹运抵五院后，许多技术人员是第一次亲眼目睹这个P-2导弹实物，怎么也抑制不住内心的激动。很多年轻人惊讶地说："原来导弹就是这个样子！""这家伙能飞几百公里吗？""这东西像根大竹笋似的。"陈德仁见到导弹后，心情也是无比激动：终于见到真正的导弹了！如果我们国家能造出导弹并大量生产、装备部队，那还有谁敢来欺负我们？

1958年4月28日，中国准备仿制的这型导弹被命名为"1059"导弹，计划于1959年9月完成总装出厂，争取国庆节试射。自此，仿制"1059"

导弹工作全面展开。

国防部五院二分院根据任务需求进行了一次组织机构调整。在原来的一室、二室、三室基础上，组建了第一设计部，随后二分院又相继成立了五个设计部。第一设计部即现在航天科技集团公司一院12所的前身。

第一设计部主要任务是承担地地导弹控制系统和电子设备的研制。二分院副院长钱文极（后历任四机部通信工程研究院院长，国务院电子计算机工业总局副局长，1980年负责创建了北京信息工业学院）兼任设计部主任；二分院副政治委员董启强（后曾任二院政委，国防科技大学副政委）兼任设计部政治委员；蔡金涛任设计部副主任。第一设计部当时有100多人，下设3个研究室：一室为地地导弹控制系统研究室、二室为无线电控制系统研究室、三室为陀螺仪自动驾驶仪研究室。陈德仁被分配在三室工作，并担任工程组组长。三室正、副

1993年，原国防部五院二分院第一设计部部分领导和航天专家合影留念（前排左起：钱文极、董启强、蔡金涛、黄纬禄；后排左起：何国伟、陈德仁、郭芃、沈家楠、李一鸣）

主任由郝复俭和吴中英（地空导弹专家，曾担任某型号地空导弹武器系统总设计师）担任。

1958年5月17日，五院下发“1059”导弹任务分配表，第一设计部承担控制系统仿制任务。下半年，苏联送来了10150份有关制造、测试和发射P-2导弹的图纸和技术资料。二分院于6月19日收到仿制所需的部分资料和导弹设备，尽管苏联专家还没到，但一场从学习技术资料开始的攻坚战打响了。人们不再有严格的上下班概念，节假日也很少休息，办公室里经常彻夜灯火通明。为了能尽快尽早地消化并掌握有关资料，大家通宵达旦、分秒必争地边干边学，互教互学。

第一设计部有计划地请资深技术人员重点讲课，比如：地地导弹控制系统研究室主任黄纬禄讲无线电测距，副主任梁思礼讲惯性制导，副主任沈家楠讲无线电制导与惯性制导的比较，等等。同时还分专业组织了“1059”导弹总体、飞行力学、控制迴路、电源配电、地面测试等12门导弹技术知识的学习。通过学习，科技人员初步了解和掌握了“1059”导弹控制系统及部件（单机）的工作原理、设计原理、技术参数、配套关系以及零组件的设计、工艺要求、材料与元器件的选用和标准等，打下了初步的设计技术基础。

为了早日完成仿制任务，第一设计部可以说是一个攻关的战场、一个火热的学堂，加班加点成为了人们的自觉行动，查资料、学技术蔚然成风。

陈德仁本来是电信专业的，并没有接触过导弹控制系统。进入第一设计部后，为了了解导弹控制系统原理，他和大家一样，一张图纸、一张图纸地学，一个公式、一个公式地推导，一个技术条件、一个技术条件地研究。尽管他是工程组组长，在很多新分配的大学生看来他是老专家，但他对自己的要求非常严格，从不以老专家自居。陈德仁内心非常清楚，要想真正学到手，必须完全吃透“1059”导弹，彻底消化苏联的设计思想。他对自己的要求是：要吃透技术资料，对每张图纸的每个符号都不放过，一定要弄清楚为什么要这样设计，为什么要选用这样的元器件，同时还要能举一反三。

1958 年 12 月，前来协助工作的苏联专家陆续抵达二分院，其中有 19 名来到第一设计部。

国防部五院明确要求每个主管设计的人员都要跟着一位苏联专家学习，务求把“1059”导弹资料学深学透、把技术学到手。第一设计部制定了“1059”导弹专业基础理论课学习计划，全面学习导弹专业技术。作为第一设计部为数不多的专家，陈德仁也跟着一名苏联专家学习。为了获得第一手资料，陈德仁靠蚂蚁啃骨头的精神，捧着大词典一点点攻下了俄语。陈德仁低调内敛、勤勉好学的态度，给苏联专家留下了不错的印象，他也从苏联专家那里学到了不少知识。

1960 年 4 月 26 日，第一设计部的三个研究室再一次进行调整：一室为自动控制研究室，二室为无线电控制研究室，三室为理论研究室。陈德仁被任命为三室副主任。理论研究室仿制“1059”导弹的任务分工是：研究“1059”导弹文字技术资料，帮助解决生产中较大的技术问题，并在试射后进行遥测结果分析，探讨控制系统改进的可能性。

然而，苏联派来的专家大多数是在工厂研究工艺的，对设计工作了解不多。苏联专家更愿意回答的问题是关于如何仿制“1059”导弹，而对于控制系统的设计经验，他们常常很有礼貌地巧妙回避，因为上层领导不允许他们透露关键技术。这种情况，随着后来中苏关系的逐渐恶化越发明显。

陈德仁早已发现了这种苗头，于是他在三室提出一定要遵循聂荣臻副总理“要先学走路，然后学跑步”“必须在仿制中把技术吃透，才能够独创”的教导，将技术资料彻底吃透，不能不切实际地完全生搬硬套。而设计部的技术领导也察觉到了这一情况。设计部提出了《技术学习计划》，要求进一步系统地深入学习“1059”导弹，在消化“1059”导弹资料的基础上，以“东风三号”导弹（注:“东风三号”导弹原本被命名为“东风一号”导弹，1964 年 3 月，总参谋部和国防科委颁发了各种导弹命名和代号编排方法，“1059”导弹被冠名“东风一号”导弹，原“东风一号”导弹则改称为“东风三号”导弹）为目标，开展“1059”导弹改进设计工作。具体要求是：系统设计人员要学会方案选择和系统具体设计；以“东风一号”导弹初步方案为主，结合“1059”导弹的改进，学会设计方法，对控制系统提出新的方案；线路设计人员按照整机整理下厂的图纸资料、生产报告，对设备提出改进设计方案。

“一定要把‘1059’导弹技术学到手”，这是每个人发自内心的、响亮的口号。通过初期的仿制，大家逐步领会到“学到手”的内涵，那就是，仿制绝不是简单的模仿，而是要达到练兵的目的，为日后的自行设计打下坚实的基础。只有下苦功去吃透，才算真正学到手。

其实，第一设计部技术人员的感觉并非捕风捉影。聂荣臻副总理后来针对苏联对我国国防科学技术援助执行协定的情况和存在的问题向周恩来总理写报告时，这样谈到：“苏方对我援助的态度，在签订协定时就是有所保留的，是有限度的，其基本意图是在新武器和科学研究上使我与他保持相当的差距。要我们仿制苏联的第三线甚至停产了的装备，而不给第一线或第二线的最新装备。对我国研究、设计、试验工作的援助，亦局限在规定的几种仿制型号上。总之，他想长期使我们处于从属地位，永远落后他两三步。苏方执行协定的态度，1958 年下半年以前还是较好的，一般能按协定条文办事，具体工作部门和办事人员还是热情积极、愿意帮助我们解决问题的，但是上面控制较严，绝不许越雷池半步。1958 年下半年以后，控制更严，步步卡紧。”

最初，苏联专家还真心实意地帮助我国技术人员消化资料，也下到工厂指导仿制工作。直到 1959 年，中苏关系开始恶化，赫鲁晓夫不希望中国掌握导弹技术。起初是在“1059”导弹仿制中处处设卡。比如当我国想发射苏制 P-2 导弹考核试验靶场时，他们却说我国生产的液氧不合格，一定要使用西伯利亚生产的液氧。液氧在零下 183℃就会变成气态氧，如果从西伯利亚运过来，运输过程中液氧就会蒸发得所剩无几，明显是在有意制造障碍。接着在 1960 年，苏联单方面撕毁协议，撤走专家。他们撤走得特别突然，一些关键设备只供了一半就停止供应，有些未到的图纸资料也不给了，来了个釜底抽薪，给导弹仿制工作造成了很大的困难。

1960 年 7 月 18 日，就在苏联政府照会中国撤走专家、中断协议与合同的第三天，毛泽东主席在北戴河中共中央工作会议上说："要下决心搞尖端技术。赫鲁晓夫不给我们尖端技术，极好！如果给了，这个账是很难还的。"

8 月 14 日，聂荣臻副总理向国防部五院的领导指出："中国人民是聪明的，并不比别的民族笨，要依靠我国自己的专家和工人搞出自己的导弹。"同时指示："苏联专家撤走以后，要发挥中国专家的积极性，使他们畅所欲言，不要怕争论，不要怕有不同意见，应发挥他们各自的特长。应有意识地培养他们成为红色专家，把党委的意图变为他们的实际行动，技术干部主要是钻研业务，应减少他们的行政事务工作，一定要保证他们的研究设计工作时间。"聂荣臻副总理还提出："五院和三机部有关工厂完成苏联 600 公里地地导弹的仿制后，成批生产任务移交工业部门接收。五院则集中力量，尽快搞成中近程、中程地地和地空导弹。"

以仿制为主还是以研制为主的争论在中国航天事业初期一直存在。对这两种观点，聂荣臻副总理早在 1958 年春天就作过比喻："仿制是'爬楼梯'，爬上楼梯才能研制，先学会走才能学跑。一定要通过仿制，再向独立设计发展。仿制的目的是为了独创，但必须在仿制中把技术吃透，才有利于独创。"

1960 年 8 月，根据聂荣臻副总理关于等"东风二号"导弹过了关，再搞中程导弹"东风一号"导弹的精神，大家先踏下心来进行“1059”导弹的仿制及“东风二号”导弹的研制工作。

每个人都能感受到：苏联专家的撤离，对成功仿制“1059”导弹、研制“东风二号”导弹赋予了更多含义——制造出中国的“争气弹”。

赫鲁晓夫背信弃义，撕毁协议，从反面激发了我国导弹研制人员自力更生、奋发图强的精神。陈德仁和其他从事“1059”导弹仿制工作的技术人员刻苦学习，边学边干，克服工艺技术、器材设备以及火箭推进剂等方面的重重困难，脚踏实地地解决了苏联专家遗留下来的许多技术难题，在 1960 年 9 月仿制出第一枚“1059”导弹。

从 1958 年 10 月开始，到 1960 年 9 月，“1059”导弹的仿制工作前后只用了两年时间。虽然比最初的设想推迟了一年，但是在苏联停止援助的情况下，这已经是难能可贵了。

“1059”导弹仿制出来后，最重要的任务是进行发射试验，考核导弹的各项性能指标。

1960 年 9 月 10 日，我国第一次在自己的国土上，用国产推进剂成功发射了一枚苏制 P-2 导弹，为下一步发射我国仿制的“1059”导弹创造了条件。

终于，仿制的“1059”导弹将要被送往发射场。又是一连几个昼夜，在第一设计部副主任黄纬禄的带领下，陈德仁和技术人员们将“1059”导弹控制系统反反复复测试了多遍，不放过任何被认为是不正常的蛛丝马迹。10 月 23 日深夜，一列由 18 节客、货和特种车厢组成的专列，载着两枚“1059”导弹、仪器、地面设备和特种车辆，以及 120 名发射试验队员，聚集于北京某火车站，陈德仁是试验队的一员。经过一系列检查的神秘专列启程西行，沿途所过之处的铁路两旁，早早布置了由民兵和解放军战士组成的双层警戒线。每逢停车，车上所有试验队员一律下车，背向专列设防，不准任何无关人员靠近。经过 3 天的昼夜兼程，于10月27日中午终于抵达导弹试验基地。

此时，处于荒无人烟的大漠深处的试验基地尚未完全建成，工作和生活条件异常艰苦，大家住在一个还未竣工的筒子楼里，面对着零下20℃的气温，早晨洗漱靠战士挑来的几桶热水加上楼道里大缸中的冷水混合着使用，厕所则设在楼外非常远的地方。饮食条件也相当艰苦，主食是青稞麦黑褐色馒头，肉、菜都是从外地运过来的，非常少，但是无人介意这里的简陋环境。试验队员们小心翼翼地把“1059”的全部装备移交给试验部队。

11月3日，用于首次发射的“1059”导弹经过测试后，被运往发射区，并被小心地缓缓起竖成垂直的发射状态，垂直测试合格后，导弹开始加注推进剂……

导弹起竖吊装

“1059”导弹准备发射

11 月 4 日，聂荣臻副总理、张爱萍上将、陈士榘上将一行飞抵发射场。在发射场，聂荣臻副总理和大家一样既兴奋又紧张。在全面了解了导弹的测试情况后，他抚摸着墨绿色的弹体，仿佛自言自语，又仿佛在叮嘱：“这是一枚争气弹，一定要打好啊！”

11 月 5 日凌晨，戈壁滩上的气温降到了零下 30℃。在探照灯照射下，导弹发射场亮如白昼，参试人员跑前跑后一片繁忙。随着太阳的升起，阳光明媚，碧空万里，竖立在发射台上的“1059”导弹，远远望去像一把利剑傲然挺立，直指长空。

陈德仁和其他参试队员注视着这枚导弹，心中满怀期待。

上午 9 时，现场发射指挥员下达了最后命令：“点火！”

随着一声惊天动地的轰鸣，人们看见导弹尾部喷射出一束浓烈的火焰，发射台周围瞬间腾起一股浓烟。所有人都瞪大了双眼，目不转睛地盯着导弹。3 秒钟后，导弹飞离发射台，冲向蓝天。只见导弹先是垂直上升，几秒钟后开始按程序转弯，最后变成一个亮点向正西方向飞去。人们静静地凝视着远方，担心、紧张、期盼交织在一起，出奇的静谧，使人们的呼吸似乎都停止了。

指挥中心不断传来各跟踪台站发出的“发现目标，飞行正常”和“跟踪良好”等报告。导弹飞行了 7 分 37 秒后，在 554 公里外的预定弹着区准确命中目标!

10 时 45 分，搜索部队找到了导弹弹头，11 时 20 分找到了导弹弹体。至此，我国仿制的第一枚导弹首次飞行试验获得圆满成功！它实现了我国军事装备史上导弹零的突破，发射场内顿时成为欢腾的海洋!

平常不苟言笑的陈德仁，脸上也露出了欣慰的笑容。

这一天，是苏联专家自 8 月 12 日全部撤走之后的第 85 天。

当晚，聂荣臻副总理在庆功宴上高举酒杯发表了热情洋溢的讲话:“今天，在祖国的地平线上飞起了我国自己制造的第一枚导弹，这是毛泽东思想的胜利，是工人、技术人员、干部以及解放军指战员辛勤劳动的结果，也是我军装备史上一个重要的转折点!从此，我们有了自己的导弹了！”

12 月 6 日和 16 日，“1059”导弹又进行了两次发射试验，均达到了预期的试验目的。至此，我国

“东风一号”导弹

仿制 P-2 导弹的工作圆满完成。1963 年 10 月 25 日和 11 月 3 日，我国又进行了两发“1059”遥测弹的试射，再获成功。

1964 年 2 月 27 日，一枚“1059”导弹被送往中国人民革命军事博物馆展出。3 月 12 日，按照上级指示:“1059”导弹改名为“东风一号”导弹，列入“东风”导弹系列（取“东风压倒西风”之意，起名为“东风”）。

3. 东风二号

“1059”导弹仿制成功之后，下一步何去何从呢？

聂荣臻副总理说：我们不要只停留在仿制阶段，仿制只是“爬楼梯”的手段。他要求设计人员要转入自行设计和研制。为了加强计划性和预见性，聂荣臻副总理根据导弹系统工程的特点，提出了“三步棋”的指导思想，即在一定的计划期内，至少要看“三步棋”，有三个层次的型号，一种是在探索研究的，一种是正在设计和试制的，一种是定型后要小批生产的。“三步棋”的指导思想应用到一个型号上则是三个阶段：预先研究、型号研制和小批生产。

1960 年 3 月，国防部五院下达了“东风二号”导弹的研制任务。

“东风二号”导弹的总体方案在该型号的总设计师林爽（最初是“东风二号”导弹型号设计委员会主任，后为总设计师）、副总设计师屠守锷（“两弹一星”元勋，中国工程院院士，中国航天科技集团公司和中国航天科工集团公司高级技术顾问，第三届全国人大代表，第六、七届全国政协委员）的主持下，很快敲定了。总体方案要求此型号导弹比仿制的“1059”导弹射程更远，打击更为精准。这就给“东风二号”导弹的控制系统提出了许多难题。

同年 11 月 28 日，二分院决定成立型号控制系统设计师小组，黄纬禄被任命为“东风一号”导弹和“东风二号”导弹控制系统设计师小组组长，梁思礼、陈德仁被任命为副组长。小组成员有正、副工艺师，各分系统主管设计师等。

1961 年 10 月，陈德仁被任命为三室（理论研究室）主任。

以黄纬禄为首的型号控制系统设计师小组把工作的重点放在了控制系统方案的改进上。黄纬禄认为，苏联 P-2 导弹采用的“捷联补偿”制导方法，是采取加速度表上加入 K 补偿，即根据统计结果来补偿，误差较大。为了提高“东风二号”的命中精度，就需要解决“捷联补偿”制导方法误差较大的问题，需要考虑新的方案，于是黄纬禄提出用水平陀螺仪输出 $\Delta\phi$ 角来修正导弹的速度误差。根据黄纬禄提出的方案，陈德仁在理论研究室主持开展了制导方案大讨论。

在方案讨论中，不论老同志还是新同志，不论成熟方案还是仅仅一个设想，都可以大胆提出来，人人都可以发表自己的见解。大家展开头脑风暴，畅所欲言，献计献策，提出了许多方案。通过思维碰撞，大家对制导问题的概念有了更加深入的认识。

通过集思广益，陈德仁代表理论研究室向型号控制系统设计师小组提出了控制系统横向控制采用坐标转换方案，取代 P-2 导弹采用的无线电横偏校正系统。陈德仁还向型号控制系统设计师小组提出了纵向控制由原来的单补偿方案改为双补偿方案，即在原有的单补偿方案基础上，增加法向加速度测量，提供补偿信息，称之为“双补偿方案”。实现这个方案，大大提高了武器的作战性能，减小了由制导方案引起的方法误差。

当时可供参考的资料并不多，补偿方案的思想源泉之一是钱学森撰写的《工程控制论》第 13 章的伴随函数。对于钱学森这部科学巨著，陈德仁带领理论研究室的设计人员进行了深入的学习和研究。

理论研究室方案大讨论的收获很大，在全惯性制导方面涌现出许多新的思想和方法，其中“双补偿制导方案”和“横向坐标转换方案”得到了上级的肯定，首先被列入了预先研究计划。

型号控制系统设计师小组在“东风一号”导弹控制系统的基础上，自行设计 19 项，改进设计 46 项。比如，射程控制采用电解积分仪，横向控制采用无线电横偏校正，加大发射机功率，并改进了地面测试和发射电气设备，还设计出提高陀螺仪精度的修正放大器、姿态控制系统测试仪和转接控制器等设备。

从方案论证到设备研制，在学中干，从干中学，历经千辛万苦，“东风二号”导弹终于要踏上发射征程了。

1962年2月26日，国防部五院举行了“东风二号”导弹首次试射产品进场动员会。第一设计部副主任梁思礼带着第一设计部的参试人员直奔发射现场，陈德仁也怀着刚刚加入党组织的喜悦心情踏上了试验的征途。

大家对自己研制的这枚导弹非常珍爱。总装厂副厂长冬春富含感情地说：“这是我们的第一个孩子，是嫁出去的第一个大姑娘。”这枚导弹用专列运输，整整用了五天五夜，路上走一段，参试人员就检查一次产品车，生怕出什么问题。到了发射阵地以后，大家表面上都信心很足，心里却有些忐忑。

3月21日，“东风二号”导弹发射在即，陈德仁和几位设计人员在发射阵地的地下室对导弹控制系统进行测试。测试完毕后，大家都要撤离现场。聂荣臻副总理当时也在试验场，他和其他同志都撤到导弹后方几公里远的山坡上。陈德仁想亲眼看看自行设计的第一枚导弹怎么起飞，飞起来后弹道转弯情况是否正确，他和梁思礼不谋而合。当两人从地下室出来时，离导弹发射只有十几分钟了。两人坐上了一辆吉普车，到导弹侧面只有不到两千米的地方观察。

随着倒计时的口令:“……3、2、1，点火！”“东风二号”导弹腾空而起。然而，导弹发射之后，却像喝醉酒似地摇摇晃晃，头部还冒着白烟，最后一头栽了下来，落在了发射阵地前几百米的地方，炸出了一个直径20多米的大坑，爆炸地点离陈德仁和梁思礼所乘坐的吉普车只有几百米远。

刹那间，空气仿佛凝固了，时间仿佛静止了，失望、沮丧、难过、压抑，各种负面情绪涌上试验人员的心头。

看到这一幕，陈德仁和梁思礼两人先是震惊，而后感到极为难过。难道是控制系统设计出了问题？这样的想法萦绕他们心头，挥之不去。

“东风二号”导弹首发失利，是中国导弹事业起步后的第一次重大挫折，让很多人都感到极为沮丧，毕生难忘。

经过统计，导弹整个飞行时间只有69秒，21秒时，导弹尾端着火，25秒时，发动机停止工作，69秒，落地起火，最大飞行高度只有3456米。

如果问起陈德仁献身航天几十年记忆最深刻的事，他首先提到的就是“东风二号”导弹的初战失利。虽然这不是他个人的过错，但几十年过去了，当初的失败仍然是他心中的隐痛。

攀登科学高峰的路途不可能一帆风顺。

早在“1059”导弹首次发射之前，1960年10月24日，苏联发生了惨烈的导弹悲剧。当时苏联在拜科努尔发射场准备进行P-16洲际导弹发射试验。发射前，试验人员发现火箭发动机存在故障。按照规定，需要把已经注入的推进剂全部泄掉，然后再进行故障排除和维修工作。然而，当时赫鲁晓夫正访问美国，这次洲际导弹发射试验正是配合他访美进行的。于是，指挥这次发射试验的战略火箭军总司令涅杰林元帅，为了按预定时间发射，下令在不泄推进剂的情况下冒险进行抢修。结果，在抢修过程中，火箭发动机突然燃烧，引起几百吨的推进剂发生大爆炸，发射场被炸毁，涅杰林元帅和160名苏联航天科技工作者全部遇难。

这次“东风二号”导弹发射失利，幸好没造成人员伤亡，离导弹爆炸地最近的技术专家应该就是陈德仁和梁思礼两人了。

由于有这段生死与共的经历，陈德仁和梁思礼自此结下了深厚的情谊，可谓生死之交。

4. 杀出血路

面对“东风二号”导弹发射的失利，聂荣臻副总理给予了亲切慰问和勉励：既然是试验，就有失败的可能，吃一堑长一智，通过总结经验教训，以利再战。聂荣臻副总理还明确指示：不要追查责任，重要的是找出失败的原因。对于查出故障原因的人，同样要给予奖励。聂荣臻副总理的勉励，对于中国导弹事业的创业者们，是多么大的信任、关怀和鼓励啊！

钱学森在总结会上说：“科学试验如果每一次都保证成功，那又何必试验呢？那就制造出来直接拿去使用就可以了。所以，我们不要怕失败，失败了，总结经验教训，再重来。”一直在试验现场的国防部五院副院长王诤也鼓励大家说：“型号尚未成功，同志仍需努力。”

理解和支持比什么都重要。陈德仁细细品味聂荣臻、钱学森和王诤等领导的教诲，深受鼓舞，思想上的顾虑也消除了。

聂荣臻副总理指定钱学森负责“东风二号”导弹发射失利的故障分析。钱学森立刻组织开展故障分析。二分院责成第一设计部组建了一支15人的控制系统分析小组，陈德仁担任组长。陈德仁深感肩上责任重大，下决心要查明故障原因。

在遥测、外测参数不全，又无飞行试验结果分析经验的情况下，陈德仁领导的控制系统分析小组夜以继日地工作着。他们没有计算机，通过手拉计算尺（当时使用的一种老式计算工具），对仅有的遥测数据进行反复计算，从理论上分析故障原因，而二分院其他技术人员则在刚从苏联引进的“电子牌”计算机上进行仿真分析，从控制系统查找失败原因。

经过两个星期的努力，控制系统分析小组终于找到了问题的原因。陈德仁代表控制系统分析小组起草了一份问题分析报告，报告中详细描述了导弹起飞后弹上水平陀螺仪和法向加速度表的运动，最后指出，飞行失败的主要原因是“东风二号”导弹弹体比“1059”导弹加长了，控制系统在设计时对弹体变化的影响估计不足，忽略了长细比加大所带来的弹体弹性振动，把弹体简单地看成是一个刚体，而实际上它是一个弹性体，有多阶弹性振型。同时，为了方便部队使用，把仪器舱从弹体中段移到尾段，把陀螺仪从一阶振型的波节移到波腹上，使弹性弹体与控制系统交联耦合，形成全弹横向弹性振动正反馈，振荡发散，最后导致导弹飞行失控坠毁。

聂荣臻副总理看到了这份详细、完整的报告，从此对陈德仁有了深刻的印象。后来陈德仁突然得了重病，聂荣臻副总理知道后明确指示：“只要能找得到的医生就找来。”找了很多医生，都束手无策。聂荣臻副总理还为陈德仁特批了进口药，但也没有效果。当时有人建议请某“江湖医生”，据说该医生能治好这类病。聂荣臻副总理听闻后说：“不管江湖不江湖，只要能治好就好。”于是那个

“江湖医生”被找来为陈德仁医治，最后还真的治好了陈德仁的病。陈德仁谈起此事总是满怀感激之情，他更是把全身心都投入到导弹事业中。聂荣臻副总理特批进口药为陈德仁治病的故事在国防部五院广为流传，极大地振奋了人心，鼓舞了士气。

除了聂荣臻副总理特批进口药为陈德仁治病这个故事外，聂荣臻副总理为科技人员送来“科技鱼”“科技肉”“科技豆”的故事，也充分体现了聂荣臻副总理对科技人员的无限关怀。

1959 年至 1961 年我国经历了三年经济困难时期。在那个时期，饥饿如潮水一样来势凶猛，席卷全国，粮食供应日渐紧张，副食品几乎见不到了。这是苏联专家撤走后，中国遇到的又一个重大困难。由于粮食不足，国防科技人员基本的食品和营养也常常得不到保证。在最困难的时候，科技人员的伙食标准是“2611”，即每月二十六斤粮，每餐一个馒头，一角钱干菜汤。因为粮食定量不够，且副食品严重缺乏，营养跟不上，很多科研单位的科技人员出现了浮肿、色盲等病症。就是在这种情况下，科技人员们仍然夜以继日地拼命工作。国防部五院办公楼里的灯通宵达旦地亮着。

这些消息源源不断地传到正生病住院的聂荣臻副总理那里，他被深深感动了。为了科技人员们的健康，他专门作出规定：各研究院所零点必须熄灯，

聂荣臻元帅

要求大家按时休息。可是有一天，有人向聂荣臻副总理汇报：“在国防部五院和原子能研究所，每到晚上，超过 12 点后，有的同志就躲到厕所里看书，有的在被窝里打着手电看图纸。白天把干粮省下一点儿，留到晚上吃。”听到这样的汇报，聂荣臻副总理难过得流下了眼泪。他根本无法安心养病了，有时彻夜难眠，他是为这些科技人员的身体健康担忧啊！他说：“科学家是我们的宝贝，只强调休息，没有足够的营养品，身体也是要垮的，脑子会不好使唤的。”于是他以个人的名义，向各大军区、海军募捐，请他们支援一些猪肉、黄豆、鱼、海带之类的东西，给正在进行国防尖端项目攻关的科技人员补充营养。

一天，国务院副总理兼外交部长陈毅特地到医院来看望聂荣臻副总理，询问病情后，他说：“聂老总，你为科学家‘募捐’，我举双手拥护。如果再有此举，也要加上我的名字。科学家是我们国家的宝贝，我这个外交部长，现在腰杆子还不硬，等你们把原子弹、导弹搞出来了，我的腰杆子就硬了。”

各大军区、海军响应聂荣臻副总理的号召，精打细算，想方设法，送来了猪肉、黄豆、鱼、海带、鸡蛋、豆油等副食品，还有各种水果。这在当时都是无比珍贵的东西，而且数量比预想的多得多。拿到这些物品的清单后，聂荣臻笑了，病也感觉轻了。他又再三嘱咐，这些副食品一律以党中央和中央军委的名义，分配给科研第一线的专家和科技人员，领导、行政人员一两也不能分。

在国防部五院二分院的大礼堂旁，出现了极为感人的场面，一群专家和科技人员排队领物品，很多人都是红着眼圈甚至是流着眼泪排队领取的。在当时的条件下，这些物品都是极其宝贵的营养品，在一定程度上缓解了科技人员由于营养不良引起的浮肿，因而被大家深情地称为“科技鱼”“科技肉”“科技豆”。大家感动得流下眼泪，称“聂老总是科技人员的贴心人”。

陈德仁的夫人徐瑞芝因为营养不良，全身严重浮肿，就是吃了分配到的“科技豆”后才得以好转。

常言道：“士为知己者死！”在聂荣臻副总理的关怀与鼓励下，陈德仁和其他科技人员都拿出了百倍的努力与决心奋力拼搏，为我国的导弹事业不懈奋斗。

仅用了不到两个月的时间，“东风二号”导弹试验队就向国防部五院报送了试验工作的初步总结，提出飞行失败的主要原因：从总体设计方案看，一是导弹的控制系统还没有摆脱仿制的束缚，没有考虑弹体加长后弹性振动对控制系统的影响，在飞行中弹体的弹性振动与姿态控制系统发生耦合，导致导弹失稳坠毁；二是发动机提高了推力，但结构强度不够，导致管道断裂起火。

从 1962 年 5 月至 1964 年 5 月，研制“东风二号”导弹的各单位进行了大量的研究、设计、试验、试制和生产工作。在第一设计部，直到 1963 年 6 月，对“东风二号”导弹飞行失败的原因进行技术攻关的工作仍在紧张地进行。以陈德仁为首的 15 人控制系统分析小组继续进行分析和试验，来制定解决技术问题的方案。

1963年6月陈德仁被授予中校军衔

然而，改进设计工作一开始，就面临大型弹性导弹所需要考虑的一些控制问题，而且控制装置又不可能重新研制，要在很短时间内完成改进设计工作，存在很大的困难。1963 年 5 月，钱学森听取了第一设计部关于控制系统设计改进工作的汇报后，严肃地指出，导弹飞行稳定性问题在国外早已经得到解决，西方资产阶级能办到的事，东方无产阶级也一定能办得到，并提出控制系统要“杀出一条血路来”。从此，陈德仁领导的控制系统分析小组被称为“杀血路”攻关小组。

陈德仁带领这些年轻的控制系统设计师们开展了一场艰辛的“杀血路”战斗。连续几个星期，每到周五，钱学森都亲临第一设计部参与、指导“杀血路”的战斗。

大家查阅了大量资料，反复研究控制对象和控制装置的特点，推导了在考虑弹体弹性振动、推进剂晃动、静不稳定度以及大风、阵风等干扰作用下，系统的控制方程和稳定品质，提出了多种可行的技术方案。

经过 4 个月深入反复的研讨、分析以及大量的理论计算、仿真和综合试验，结合现有条件，最后确定控制系统采用新的方案，通过精心的无源网络设计和迴路参数优化，有效地解决了弹体弹性振动的稳定问题。

困难一点点克服，问题一点点解决，顽强而不懈的努力终于迎来了胜利的曙光。1964 年 6 月 29 日，在首发导弹试射失败的两年多之后，“东风二号”导弹再次进行了飞行试验。

陈德仁亲眼目睹了飞行试验的成功，心中激动万分。

成功了，终于成功了！一条“血路”终于被杀开了！

竖起的“东风二号”导弹

1964年6月“东风二号”导弹飞行试验成功

接下来的数月，连续发射了5枚“东风二号”导弹，都获得了圆满成功！

“东风二号”导弹的飞行试验虽然成功了，但要定型装备部队，却出现了一些作战使用不太方便的问题。毕竟“东风二号”导弹是在仿制苏联P-2导弹的基础上改进设计的，而P-2导弹是苏联过去研制的旧装备，要满足中国的使用需求，技术上还有不足之处。比如：山地试验表明，“东风二号”导弹使用的无线电横偏校正系统对阵地要求过高，作战使用极不方便。该系统需要在导弹后方数十公里处配置无线电地面制导站，用两台发射机同时向导弹飞行的方向发出无线电信号，该信号在空中形成一个等信号面（又称射面），正常情况下导弹就沿着这个等信号面飞行。这时，弹载无线电接收机同时接收到两个发射机发出的信号，由于强度相等，信号在控制系统内相互抵消，不会对导弹产生横偏控制作用；导弹在飞行过程中，如果偏离了这个等信号面，接收机接收的信号会一边比较大，而另一边比较小。导弹在这种状况下，就会按照信号的极性判断其飞行位置是否偏离了等信号面，然后进行校准性控制，使其返回等信号面，从而保证弹头的横向落点精度。这一整套设施中的制导站好似给导弹增加了一条长长的尾巴，使用中容易暴露目标并受到敌方的无线电干扰。当需要改变导弹射向时，“尾巴”也要跟着摆动。因此，部队要求去掉无线电横偏校正系统，称其为“割尾巴”。

在一个型号飞行试验连续成功、接近定型的时候，要求做这样大的方案变动无疑是非常困难的。但为了满足用户的需求，第一设计部还是决定对控制系统进行改进。好在，早在1961年，陈德仁就在理论研究室开展制导方案大讨论，在全惯性制导方面提出了许多新的思想和方案，其中“双补偿制导方案”和“横向坐标转换方案”首选列入了预先研究计划，并作为“东风二号”导弹02批第二组的备份方案开展配套预研工作。

到1965年初“割尾巴”的要求提出时，该方案已经经过各种地面试验，达到可以应用的成熟程度。所以，只要把该项预研成果全部搬到型号上就可实现全惯性制导，即“全搬”方案，这种方案风险很大。但一旦试验成功，就能立即把新系统正式用到型号上去，能极大地缩短试验周期。当时也有一部分同志担心“全搬”改动太大，技术上存在较大风险，提出了仅把无线电横偏校正系统改为横向坐标转换的“半搬”方案，以解决“割尾巴”问题。

1965年1月，国防部第五研究院改为第七机械工业部（简称七机部）。同年4月，第一设计部改为一院12所。同年6月，陈德仁被任命为12所副所长，兼系统理论研究室主任。

到底是选用“半搬”还是“全搬”方案？一场激烈的技术大讨论在12所展开了。

陈德仁对自己亲自领导制定的“双补偿制导方案”和“横向坐标转换方案”了解得非常透彻，对“全搬”方案的使用态度比较坚决，认为该方案已经非常成熟，可以在型号上应用。他的观点得到了不久前被任命为12所所长的黄纬禄的大力支持。黄纬禄所长经常到系统理论研究室参与讨论，对“双补偿制导方案”和“横向坐标转换方案”信心十足。通过反复讨论比较，七机部正式批准采用“全搬”方案。仅用了一年多的时间，12所完成了对控制系统的改进设计，飞行试验取得圆满成功，顺利定型装备部队。

“东风二号”导弹改用全惯性制导系统，这一举动在我国导弹控制系统研制史上是一个很大的进步，开创了我国战略导弹全惯性制导的先河，提高了制导精度，使导弹发射后自主飞行并精确命中目标，极大地改善了导弹作战使用的机动性和生存能力，为后续型号的研制开辟了广阔的前景。

陈德仁（前排右二）与张钧（前排右六）等老领导及12所老同事合影

5. 预先研究

通过从“割尾巴”到“全搬”方案的大讨论，大家都认识到技术储备的重要性和配套预研的优越性。

早在1961年，聂荣臻副总理根据导弹研制系统工程的特点，就提出了“三步棋”的指导思想，其中第一步就是预先研究。聂荣臻副总理说：搞第一步就要想到第二步、第三步，这样才能走在前面。

陈德仁认真学习了“三步棋”的指导思想后，不禁深深佩服聂荣臻副总理的远见卓识。陈德仁认识到预先研究工作的重要性，把预先研究工作摆到了重要地位。在他的领导下，理论研究室成立了控制理论组和远景方案组，设置了预研课题组，如远程无线制导课题组、三维坐标转换课题组、三级弹道计算课题组、惯性平台制导课题组等，开展了制导精度分析、三维坐标转换、远程火箭弹道、惯性平台制导等课题的研究。全室约有三分之一的人员从事预先研究工作，在组织上非常健全，每个课题组都有专门的课题组长负责，课题研究方向明确，研究内容具体，并纳入计划管理。

由于政策上的重视和待遇上的一视同仁，加上在工作上可以充分发挥想象力和创造力，而且学的新东西多，所以有很多技术人员喜欢从事预研工作。

预先研究是技术储备，是型号发展的后续力量。当初在研制“东风二号”导弹的同时，陈德仁领导的理论研究室已经开展了中程导弹、远程导弹制导与姿态控制的方案研究，成果丰硕，包括理论性研究、基础性研究和方案性研究。而且，当时型号设计研制的都是液体导弹，而陈德仁早就想到了固体导弹（固体导弹即固体推进剂导弹，是由固体火箭发动机提供飞行动力的飞行体）的控制问题，并安排相应人员承担该课题研究。

在陈德仁的领导下，整个理论研究室理论研究和预研的气氛极为浓厚，设计人员人人忙于阅读资料、分析计算以及探索新的方案，理论研究室每天晚上灯火通明。

陈德仁经常在室内开展方案讨论。他坚持“百花齐放、百家争鸣”的方针（简称“双百”方针），充分发扬技术民主，让大家畅所欲言，将自己的想法毫无保留地表达出来，即便想法被证明是错的，也没人笑话或是出言讥讽，而是认真帮助剖析，让所有人都能从中受益。在他的带领下，理论研究室的技术人员都是开诚布公，技术上互不保密，极具钻研精神，学术氛围十分浓厚，对每个技术问题都会研究得很深很透。

学术交流会几乎每周都有，而且不拘泥于形式，人人都可以发表自己的意见，甚至争论得面红耳赤，但绝不进行人身攻击或是恶语伤人。对于这样的交流会，大家都愿意参加，愿意发表自己的观点。当时交流会的内容小到一个公式推导、大到一个系统设计方案，组织形式有课题组的、工程组的、室级的，甚至到所级，参加人员更是广泛，设计部领导及技术专家如黄纬禄、梁思礼、沈家楠等也经常来参加讨论。

陈德仁极为欢迎室内同志单独和他进行技术讨论，对室内年轻人的新想法，总是鼓励和支持，鼓励他们深入研究下去。

1962 年，王永平（原中国航天科技集团公司一院 12 所研究员，某型号行政指挥，《航天控制》主编）承担中程导弹的制导精度分析工作，提出了一套精度分析方法，陈德仁对于这套方法非常重视，亲自参加讨论，并写了评语，同时要求王永平在实践中不断总结和提高。1963年，室里安排王永平承担“固体导弹的控制问题研究”。此时，国内对固体导弹的研究还处于起步阶段，王永平承担的这个课题是一个前瞻性课题。经过半年的搜集资料和分析计算，他写了一份阶段报告。尽管报告还很肤浅，但陈德仁仍然予以肯定，并上报第一设计部，王永平因此受到了第一设计部的通令嘉奖。类似这样的情况还有很多。陈德仁对于室里人员的点滴有益想法都会加以肯定，加以鼓励，对于他们以后技术上的发展起到了极大的鼓舞作用。

在陈德仁的带领下，理论研究室预先研究取得了丰硕成果，为后续型号制导和控制方案的选择与确定奠定了扎实的理论基础。他指导研究的“变参数线性自动控制系统的外干扰完全补偿”理论，为我国的捷联式制导方案闯出了新路子。他主持确定的常系数积分型关机方程、导引方程，使制导实现简单，对各种飞行干扰适应性好，制导精度高，而且只需要一个中速率、小容量的弹上计算机就可以完成原来要求的高精度复杂运算。这种制导方案适合中国的国情，为中国惯性制导系统的发展开辟了新途径。

陈德仁一直鼓励室里设计人员学习英语。他告诉大家，从事理论研究和预先研究，不学习英语是不行的，因为大多数科技资料都是英文的。他在上海中学学习时，数理化课本多数是英文的，他刻苦学习，英语基础非常扎实。上大学之后，他更是意识到英语的重要性，因为关于电信专业的文献和技术资料，大部分都是英文的。如果不懂英语，就读不懂这些英文资料，也汲取不到其中的营养。

他常对大家说，看别人翻译的不如看原文，阅读原汁原味的英文文献，才能获得更准确的资料，准确掌握国外的先进技术和经验，还可以从字里行间中得到启迪。

他不仅学习英语，还努力学习其他外语。靠蚂蚁啃骨头的精神，他捧着大词典一点点攻下了一门又一门外语。他会俄、英、日、德、法等多门外语，曾自嘲地说："这都是被逼出来的！"

繁忙的工作使不少人对额外的外语学习产生了畏难情绪。陈德仁总是鼓励大家，幽默地说，外语是"一门最不需要聪明的功课"，理由很简单，"外国人连傻子都讲外语"！只要挤时间，坚持就会有效果，用他的说法就是"收获＝投入对时间的积分"。

他经常给大家辅导外语。室里不少设计人员在大学里学的是俄语，并没有接触过英语。他于是主动担任室里英文班的辅导员，亲自帮助大家修改英文作业及审阅翻译资料。往往作业上修改的红字比学员们写的字还要多，让学员们极为震撼和感动，这很好地鞭策了大家踏踏实实地去学习英语。在他的带动下，理论研究室形成了努力学习外语的良好氛围，也有效促进了预研工作的顺利开展。

"搞理论研究、方案设计，就像大厨做菜，要按照菜谱早备原料，这样，到时候要什么就有什么，才能及时拿出色香味俱全的好菜。"陈德仁用形象的比喻道出了他大力倡导预先研究的原因所在。

6. 三严作风

理论研究室主要从事制导、姿态控制方案研究与设计和模拟试验工作，第一设计部对室里的工作十分重视。理论研究室被誉为第一设计部的"龙头"，抓理论研究室工作就是抓"龙头"。在今天来说就是抓总体，也就是抓系统，抓方案。俗话说，龙头一摆，才能带动全身。

理论研究室有数十人，除了少数几人外，全是从全国各大院校或是国外留学归来的学生。这些学生初出茅庐，没有做过设计工作，缺乏经验。陈德仁知道，要做好科研工作，首先要培养人才，否则出不了成果。他采取传、帮、带的工作方法，大力培养室里的青年人。

陈德仁在理论研究室提出了一套责任分明的管理办法：拟制计算任务书、技术报告等文件必须经过认真的拟制、校对和审核，也就是严格的三级审签制度，职责分明，各负其责。每道工作程序不仅要签字负责，还要记下工序的不足之处。陈德仁要求负责校对的都是室内的技术骨干以及有经验的老设计师。如果谁被安排承担校对工作，都会感到非常荣幸，这表明他在技术水平上得到了大家的认可。陈德仁认为，校对是一项非常严肃的工作，必须比设计更仔细，凡涉及公式必须再亲自推导一遍，一旦出错，责任比设计还要大。自从三级审签制度开展后，原来经常出错返工的情况得到了很大的改善。当年建立的三级审签制度一直沿用至今。

陈德仁经常鼓励大家找他一起讨论技术问题，对于送交他审阅的技术报告，他总是认真审阅，常常看到深夜。他治学严谨，对于报告中所列出的计算公式，他总是自己亲自推导一遍。推导结果不一样的，他要把报告作者找来，把推导给他看。对于技术报告，他逐字逐句修改，连标点符号的错误也会一一指出。更难能可贵的是，他对技术报告中可能有问题的地方往往会用铅笔标注出来，然后找报告作者来讨论。这是他多年的习惯，他从不主观武断，总是留有讨论余地，如果最后证明是自己弄错了，他马上就可以将标注擦去。

在办公室里，大家若是听到陈德仁叫他们，手心都会捏一把汗。因为他们都知道陈德仁只要一问技术问题，就跟拷问差不多，一定要完全弄透才罢休。

对于疏忽大意，陈德仁会毫不留情地批评。有位同志，角度变弧度，本应该除以 57.3，但他因为疏忽除了 5.73，陈德仁在全室大会上对那位同志进行了点名批评。陈德仁说："我们是搞导弹的，一点点马虎，就会损失惨重。"

因此，室里技术人员在把计算任务书和技术报告送他审阅之前，都要先把理论完全吃透，对计算公式反复推敲，反复演算，逐字逐句核对，使差错减到最少。

尽管大家都怕陈德仁问技术问题，却特别重视他修改的地方和他写的评语。他的评语言简意赅，直击要害，让人信服。如果得到一两句好评，大家都会很高兴，表明自己的工作得到了他的认可。

当时的计算工具非常落后，除了二分院计算站有一台万次的 104 计算机外，理论研究室主要是手摇计算机，台式电动计算机都非常少。陈德仁有时为了证明一个公式的正确或一个计算结果的正确，亲自用这些工具甚至计算尺来反复演算。自己计算的好处是一旦出错就很容易知道是自己的公式、数据出错还是程序出错，也方便分析制导方案的优劣。在他这种亲自动手、亲自演算的作风带动下，理论研究室的同志们都学会了自己演算，最后到计算机上去计算。

严格的要求、严肃的态度、严密的方法，这就是“三严作风”，是聂荣臻副总理对全体科技人员提出的要求，也是科技人员必须具备的素质。

对于培养“三严作风”的重要性，中国导弹事业的开创者们是在科研工作的实践中逐步加深认识的。特别是 1962 年“东风二号”导弹首发失利，让大家一下子头脑清醒了。造成“东风二号”导弹失利的原因是多方面的，其中一个重要的原因就是缺乏一个“严”字，从技术上、管理上到作风上，都缺乏严格的要求。从失败中得到的教训，往往比成功的经验更为宝贵。通过总结“东风二号”导弹失利的经验教训，大家对“三严作风”的认识进一步深化了。

陈德仁尤为重视“三严作风”。他不仅自己率先垂范，在工作中认真贯彻执行，对下属人员要求也极为严格。他的“三严作风”影响了一大批人。

在他的带领下，研究室的同志们迅速成长起来，如林金（全国政协委员，国际宇航科学院院士，国家某领域开拓者之一，原中国航天工程咨询中心首席科学家）、宗绍录等人，都是跟着陈德仁边干边学，边学边干，很快成长为室里的“领头羊”。林金提出的“外干扰补偿”摄动制导理论，宗绍录提出的常系数线性制导方程，对东风系列导弹控制系统方案的确定和后续发展起到了重要作用，他们是陈德仁的学生和得力助手。

7. 东风三号

“东风三号”导弹是完全根据我国战略需要而自主设计的导弹武器系统，也是我国第一个完全独立研制的中程地地液体弹道导弹。早在 1957 年，国防部五院就拟定了“东风三号”导弹的研制规划及生产任务，紧接着对其战术技术指标和整体方案紧锣密鼓地展开了论证，确立的预先研究项目也在按部就班地进行着。1961 年，“东风三号”导弹被正式列入国防部五院一分院的三大任务之一。

20 世纪 60 年代初，正值中国导弹事业初创时期，但中央领导层对这项事业的发展已经考虑得非常深远。因为导弹是牵扯到多学科、多领域的现代科学技术的综合产物，只有在专业及基础技术上进行大量预先研究，积累足够的技术储备，才有加速发展的可能，所以对于研制新型号来说，较长的研制周期不可避免。面对这种情况，若定型一个武器装备后再开始下一个型号的研制，根本不能满足中国国防建设的迫切需求。

1965 年 6 月，聂荣臻副总理在听取钱学森汇报时指出：“东风二号”导弹技术问题不大了，“东风三号”导弹是重点，“东风四号”导弹做准备，“东风五号”导弹是探索、搜集资料。基于这样的思路，当“东风三号”导弹还在研制过程中，对“东风四号”导弹、“东风五号”导弹的方案论证在 20 世纪 60 年代中期，也都陆续开始了。对于同一型号而言，也必须按照“三步棋”原则，经过预先研究，再转入型号研制，最后进行小批生产。为了保证新研制型号的技术先进性，需要采用不少新技术，从而使得预先研究占了相当的比重，难度比仿制、改进设计要大很多。

1965年，陈德仁转业前留念

“东风三号”导弹控制系统的设计早在1960年就进入预先研究阶段。具体来说，就是要确定射程系统、稳定系统、横校系统的方案。陈德仁被任命为“东风三号”导弹控制系统主任设计师，主持控制系统的研制工作。他在理论研究室建立了“东风三号”导弹控制系统的相关课题组，亲自主持课题讨论，开展方案误差分析、计算，等等。大家提出了多种可供选择的方案，如捷联补偿、模拟平台、坐标转换，无线电制导和惯性平台。经过反复计算比较，最后推荐纵向为双补偿和物理量方案，横向为坐标转换和“背表”两套制导方案。这两套方案的报告，他都亲自审定，逐字逐句把关，每个公式他都亲自推导过，同时提出自己的独到见解，从而保证了方案的准确性和可行性。就在预研工作紧张进行的过程中，由于1962年“东风二号”导弹的首发飞行试验失利，国防部五院对研制计划及时做出调整：集中力量完成“东风二号”导弹的研制任务，“东风三号”导弹控制系统预先研究的课题中，只开展一部分以关键技术为重点的预先研究项目。陈德仁随后将主要精力放在了“杀血路”上。

“东风二号”导弹发射成功后，对“东风三号”导弹制导方案的深入研究再次提上工作日程。

在预研成果的基础上，陈德仁提出“东风三号”导弹的纵向制导采用理论上更完善的全补偿制导方案，即利用轴向视速度差信息对轴向干扰作针对性补偿，以取代原来的统计性补偿。在中国的三轴陀螺平台和弹上计算机尚未达到实用程度的条件下，这一成果是一项重大的技术进步，走出了具有中国特色的控制系统发展道路，解决了三个型号对制导精度的迫切需求。此外又相继开发了两种适应平台、使用了补偿方案，为七机部规划中的“八年四弹”配套应用提供了多种选择。我国发射第一颗东方红卫星进入太空的运载火箭就用了类似的制导技术。1978 年该全补偿制导方案获全国科学大会奖。这是陈德仁对“东风三号”导弹控制系统的巨大贡献。

在“东风三号”导弹控制系统研制过程中，陈德仁全面负责协调、处理该系统内外联试和生产中出现的各种技术问题。在初样综合试验中，因电源共用出现通道交连难题，影响了计划进度，他经过反复计算后，提出改变滤波器线圈绕法和线路连接的方法，巧妙地解决了通道交连问题，使计划顺利完成。

“东风三号”导弹比较集中地采用了我国在 20 世纪 60 年代中期取得的最新技术成果，同时，它是在总结“东风二号”导弹研制经验教训的基础上进行研制的，严格地按型号研制程序开展工作，指标论证深入，预研基础扎实，设计协调及时，指挥调度得力，地面试验充分，设计、生产、使用结合紧密。在整个型号研制队伍的共同努力下，“东风三号”导弹于 1966 年 12 月 26 日首发飞行试验成功！陈德仁顶着“文化大革命”冲击带来的巨大压力参加了这次试验，见证了历史性的一刻。

“东风三号”导弹的控制系统在研制阶段和定型交付后的飞行试验中，保证了较高的成功率，受到了使用部队的好评。

1966年12月“东风三号”导弹首发飞行试验

“东风三号”导弹发射成功

陈德仁

陈德仁院士传记

Academician Chen Deren's Biography

第五章

逆境铸剑

陈德仁奉调担任新组建的固体控制设备研究所所长，从事我国第一型固体弹道导弹的控制系统研制工作，克服重重困难，突破了一大批重大关键技术。

1. 新的征程

20 世纪 50 年代，美苏两个超级大国竞相开展固体导弹的研制。固体导弹是用固体推进剂发动机提供飞行动力的导弹。和液体导弹相比，固体导弹具有结构简单、体积小、可靠性高、机动灵活、发射准备时间短、密度比冲高、易于保存等一系列优点，而受到美苏两个超级大国的青睐。固体导弹代表着先进武器的发展方向。

1954 年 1 月 21 日，世界上第一艘核潜艇“鹦鹉螺”号在美国格罗顿市港口下水。核潜艇就是用核动力推进的潜艇，利用核反应堆作为动力源，能长期在水下航行而不用浮出水面，使得潜艇的机动性、隐蔽性和作战能力提高到了前所未有的程度。“鹦鹉螺”号核潜艇的诞生震惊了世界。

《潜艇发展史》的作者、世界著名海军史与舰船史专家安东尼·普雷斯顿曾说：“核潜艇的优点不仅在于攻击，而且还在于其威慑力量，能进行大规模的报复。所以，核潜艇具有很大的毁灭性威力，同时也是巨大的和平保卫者。”

继美国之后，苏联也开始制造核潜艇，并于 1958 年建成了第一代反潜鱼雷核潜艇。

1958 年 6 月，我国第一座试验型原子反应堆开始运转。主管国防科研工作的聂荣臻副总理抓住这个契机，立即召集海军政委苏振华上将，副司令罗舜初中将，中科院副院长张劲夫，国防部五院院长钱学森、副院长王诤中将以及第一、第二机械工业部的领导，就研制核动力潜艇进行了研究。与会者一致赞同抓住时机尽快上马，并对研制原则、任务分工、组织领导、具体步骤、总装厂建设等问题发表了各自的意见。6 月 27 日，聂荣臻副总理向党中央递交了关于研制核动力潜艇的报告。报告阐明了展开此项工作的条件和基础，拟定了依靠现有力量、坚持自力更生、争取苏联帮助的方针，并提交了组织领导人员名单。这个报告以最快的速度获得中央批准。随后，成立了由罗舜初任组长，刘杰、张连奎、王诤参加的小组，负责筹划和组织核潜艇的研制工作。为明确职责，利于协作，中央军委于 1959 年 11 月做出了核潜艇研制分工的决定，核动力由第二机械工业部负责，艇体和设备由第一机械工业部负责，海军负责抓总。一项关系国防现代化建设大局的尖端技术工程由此决定下来，一项前所未有的事业，在中国大地上秘密地拉开了帷幕。

1959 年 9 月 30 日，赫鲁晓夫来华参加中华人民共和国成立十周年庆典。毛泽东主席当面向他客气地提出请苏联帮助中国研制核潜艇的希望。赫鲁晓夫傲慢地说："核潜艇技术复杂，价格昂贵，你们搞不了！你们也不用搞，苏联海军有这种武器，同样可以保卫你们。"赫鲁晓夫的这句话深深地伤害了毛泽东的民族自尊心，当初苏联向中国提出建立"联合舰队"意图控制中国海军时，毛泽东就曾愤怒地对苏联驻华大使尤金说："连半个指头都不行！"他对这个当时最重要的盟友说："要是这样，你们把中国所有海岸线都拿去好了，我们总要有自己的舰队。"

这次，毛泽东主席没有发火，他冷冷地回答赫鲁晓夫：核潜艇研制，我们自己试！

事后，毛泽东主席发出了“核潜艇，一万年也要搞出来”的庄严誓言。这是一个响当当的誓言，是中华民族不可摧毁的信念。

然而，研制核潜艇的道路上布满荆棘。20 世纪 60 年代初，由于三年经济困难的影响，我国出现严重困难，再加上苏联撤走专家，使我们没有力量同时支撑原子弹、导弹与核潜艇三个大摊子。严峻形势下，中共中央决定，集中力量先搞“两弹”，核潜艇研制工作暂停。核潜艇工程开始进入冬眠期。

1961 年，美国在“鲣鱼”级攻击型核潜艇基础上改建的首艘导弹核潜艇乔治·华盛顿号（SSBN-598）首次成功水下发射潜射弹道导弹北极星 A1，导弹核潜艇时代由此到来。

到 60 年代中期，美、苏等强国已形成地地洲际导弹、潜地导弹、战略轰炸机组成的“三位一体”的战略防御体系，其中的潜地导弹是指从潜艇发射，用以攻击地面目标的导弹。潜地导弹和潜艇构成了潜地导弹武器系统。潜地导弹机动性大、隐蔽性好、生存能力强、随时可实施攻击的优点很明显。每艘潜艇能携带多枚导弹，在水下可连续潜航两个多月。这种导弹可以从隐蔽在水下的核潜艇上发射，攻击性强，可以与第一次核打击力量洲际导弹相呼应，乘敌不备、后发制人。美国和苏联，大力发展导弹核潜艇，并相继研制了一系列潜地导弹，形成了二次核打击力量。

针对国际形势的风云变幻，国防部五院早在集中主要力量仿制液体导弹的同时，就考虑到今后导弹技术的发展方向是固体化。钱学森站在世界航天技术前沿，洞察技术发展，深知固体导弹技术对我国国防的重要性，力促固体导弹技术的发展。

1958 年 1 月，国防部五院制订十年（1958 – 1967 年）规划时，就曾提出发展固体推进剂发动机，并由部分同志负责研制射程数十公里的固体导弹，但当时尚处于探索阶段，还不具备研制条件。1961 年 1 月，国防科委召开了全国性推进剂规划会议，明确了各种推进剂的近期研究方向和任务，制定了以能量为标志的复合固体推进剂三年发展规划。为集中力量进行攻关，国防部五院组织部分科技人员以固体复合推进剂作为主攻方向，在李乃暨（火药与固体推进剂技术专家，中国导弹与航天技术的开拓者之一）的带领下，整建制地迁往西安三所，开始了固体推进剂技术的基础探索。

西安三所是在苏联专家的帮助下建立的，是全国独有的火药研究所。然而，西安三所位于西安市，又承担着其他繁重的兵器研制任务，不宜进行推进剂装药厂房的扩建。因此，国防部五院向国防科委报告，建议将固体发动机研制任务从西安三所分离出来，新建一个归属国防部五院的发动机研究所。国防科委向中央军委请示后，很快批复同意国防部五院的建议。

1962 年 7 月 1 日，固体发动机研究所在四川泸州正式成立。1964 年 4 月，固体发动机研究所改制为国防部五院四分院，第二年，由国防部五院改制而来的第七机械工业部（简称七机部）公布了部属各单位的名称和代号。国防部五院四分院改称第七机械工业部第四研究院（简称七机部四院）。1965 年 3 月 20 日，周恩来总理亲自主持召开会议，宣布核潜艇研制工作重新启动。1965 年 8 月，中央专委第十三次会议提出“争取提前研制出固体导弹”的要求后，立即着手制订我国固体战略导弹发展规划。

七机部四院在研制固体发动机的过程中，虽然解决了一系列技术难点，为研制大型发动机做好了组织和技术上的准备，但要研制出大型固体导弹，难度仍然很大。因此，在比较了几种方案之后，七机部决定先研制一个单级地地固体近程导弹——“东风六十一号”导弹，以积累经验，锻炼队伍，同时进行基地建设，然后再发展多级、中远程固体导弹。但是，当科技人员了解到国家曾经计划过，后因经济困难的原因而被推迟的核潜艇研制项目又被提上议事日程后，很快提出建议：暂停研制近程固体地地导弹，先研制与核潜艇配套的固体潜地导弹。虽然研制固体潜地导弹的周期可能要长一些，困难也更大，但能在战略核武器发展中真正起到推动作用。

此时，中国的固体导弹研制虽然处于起步阶段，但核潜艇的建造却在快速推进，形势的发展迫使与核潜艇相配套的潜地导弹研制也要相应提速。为了不影响与核潜艇“弹艇合一”工作的进度，就需要越过单级固体导弹阶段，直接研制两级固体导弹，越过陆基，直接研制难度较大的水下潜艇发射导弹。不久，周恩来总理主持中央专委会议研究确定，为了与弹道导弹核潜艇研制取得同步，直接研制用于弹道导弹核潜艇的两级中程固体潜地导弹，刚刚展开的单级近程地地固体导弹的研制工作随即被叫停。这一指示进一步促进了我国中程固体潜地导弹研制工作的开展。

1967 年 1 月 24 日，国防科委经与军方及七机部共同研究后，决定集中力量开展固体潜地导弹“巨龙七十一号”（后改称“巨龙一号”，1972 年正式定名为“巨浪一号”）的研制工作。1967 年 12 月，国防科委正式下达了“巨浪一号”的战术技术指标。从此，“巨浪一号”的各项研制、试验工作陆续展开。

七机部四院承担“巨浪一号”研制工作后，在方案论证上做了很多工作。然而，全国共有近 20 个固体发动机型号的需求，七机部四院如果集中力量进行固体潜地导弹研制设计工作，将无法顾及其他型号固体发动机的研制任务。七机部四院到底是按型号院发展还是继续按发动机专业院发展，在七机部内部存在争论。如果组建新的发动机专业院来研制其他型号的固体发动机，一来缺乏经费，二来还要从头起步，难度很大。因此，钱学森和七机部四院院长林爽、副院长杨南生经过全盘考虑之后，建议七机部四院仍然按发动机专业院发展，同时建议将“巨浪一号”研制任务划归七机部一院。

钱学森向中央进行了汇报，中央很快同意了钱学森的建议。经周恩来总理批准，把七机部四院四部（包括总体、结构、控制系统、遥测系统、安全系统）由内蒙古呼和浩特市迁到北京，改由七机部一院管理。同时，七机部决定筹建固体控制设备所。

1966 年 8 月，中央决定将公安部 12 局下属的七所解散，与同一隶属关系的 811 厂等单位全部移交七机部。七机部于 1967 年 5 月 29 日正式下文，决定将七所划归七机部四院。

1968 年初，七机部一院和四院联合向国防科委送交筹建固体型号总装厂、控制系统设备所和控制系统设备厂的报告。2 月 22 日，国防科委批复：“同意公安部七所（七所）与四院四部四〇三室及控制设备所筹建处组成固体控制设备所。财务从 1968 年 1 月 1 日起列入一院计划。”固体控制设备所的建制正式获国家批准。所址定在原七所的旧址，代号为七机部一院 43 所。

一院接收 43 所后，对加速固体导弹的研制工作采取了积极的态度。在张镰斧副院长（后任七机部副部长）的努力下，从一院 12 所抽调郭芃副所长来 43 所负责筹建工作。郭芃副所长对科研机构的组织管理非常有经验，与当时的军管代表沈学忠密切配合，很快提出了具体筹建方案，并陆续从 12 所调来一批有丰富工作经验的技术骨干，初步完成了干部配备和组织机构设置工作，初步筹建工作完成后，郭芃副所长返回了 12 所。

20世纪60年代末期的陈德仁

1968年3月18日，陈德仁被任命为43所临时领导班子成员，全面主持技术工作。4月1日，陈德仁正式到43所任职。12月，国防科委批准43所的代号改为17所。

陈德仁到新的工作岗位任职，正值“十年动乱”时期，作为技术领导的他，在这种步履维艰的艰难时刻临危受命，开始了从液体导弹到固体导弹、从陆基导弹到潜地导弹研制的新征程。他的人生再一次迎来重大转折，并由此开始，在这个新的领域攀登一座新的高峰。

2.担任所长

20世纪50年代末期，苏联和美国的洲际导弹与大型运载火箭相继问世，火箭技术自那时起已经进入了从单级到多级的新阶段。而中国在20世纪60年代前期，自行研制的如“东风二号”导弹、“东风三号”导弹都还是单级导弹，“东风四号”导弹才是真正意义上的两级中远程导弹，“东风五号”导弹则是我国第一代洲际导弹，对国家意义重大。“东风四号”导弹和“东风五号”导弹的方案设计，是在“东风二号甲”导弹研制定型和“东风三号”导弹飞行试验的同时先后开始的。陈德仁作为“东风三号”导弹控制系统主任设计师，还参与了“东风四号”导弹和“东风五号”导弹控制系统的方案论证工作。此时，他参与研制的“东风三号”导弹在飞行试验中获得圆满成功，正当他准备在“东风四号”导弹和“东风五号”导弹上大显身手的时刻，“十年动乱”开始了，各项工作受到严重干扰，七机部成为重灾区，“派仗”“武斗”激烈时，他常常不得不绕道去上班。

听说要新成立固体控制设备所，那里急缺技术领导和技术骨干，陈德仁于是主动申请去那里工作。

作为导弹控制系统方面的老专家，从仿制“1059”到“东风三号”导弹飞行试验取得圆满成功，陈德仁的贡献有目共睹，曾得到各级领导的认可。而且，早在20世纪60年代初，他就在国防部五院二分院第一设计部理论研究室开展了固体导弹的控制研究工作，并取得了一定的成绩。到固体控制设备所抓技术工作，应该说他是最合适的人选。上级领导充分考虑了各方面的因素，同意了他的申请。

新的单位，条件十分艰苦。只有2400多平方米的一栋五层办公楼，600多平方米的一个模样车间，宿舍拥挤不堪，大部分新调来的职工没有住处，只能临时住在招待所里。食堂、澡堂、医务室、托儿所等生活设施虽然都是七所与811厂共建的，但是分开之后，统一由811厂管理。

陈德仁来到17所，发现那里一穷二白的状况，心里感慨万千。此时，他想起国防部五院建立初期，也是一无所有，白手起家。他相信，只要有坚定的意志、智慧的头脑、勤劳的双手，就能创造奇迹。这些年，他们创造的奇迹还少么？从仿制“1059”导弹成功到“东风三号”导弹飞行试验圆满成功，从原子弹爆炸到“东风二号甲”导弹和核弹头“两弹结合”试验成功，一项项伟大的成就，见证了中国航天事业从无到有的创业历程，也见证了中国科技工作者的勤劳和智慧。

中国的航天事业，从来都是在艰难逆境中成长的。中国的航天人，从来都是在披荆斩棘中前进的。困难不会吓倒陈德仁，他没有泄气，也没有抱怨。为了尽快开展固体导弹的研制工作，陈德仁带领职工积极想办法来改变这种局面。

没有经费，他四处奔走，争取优惠政策。为了解决吃饭问题，需要一个食堂，但基建费少得可怜，怎么办呢？还是自力更生。陈德仁动员全所职工自己动手搞基建。他亲自和职工一起挖地基。在挖地基的过程中，挖到了碎骨堆，而且还不是一片两片，分布非常密集，称得上是白骨累累，胆小的同志都会觉得毛骨悚然，而女同志看到后更是尖叫不已。大家壮着胆子一锹一锹地把碎骨头都挖上来，每个人都小心翼翼的，生怕这些骨头碰到手上和身上。中午吃饭时，很多人都吃不下，不管挖到的是人骨还是动物骨头，谁都不可能有好的胃口。

通过大家的努力，食堂终于盖好了，却不具备开伙条件，只得改为开会的礼堂。由于只是一个空壳子，开会时大家都得自带板凳。

没有综合实验室和模拟实验室，陈德仁为了尽早开展科研工作，再次带领全所职工自己干。他们以所里两三位有泥瓦匠、木工活手艺的师傅为主力，自己动手打土坯、砌围墙，其他人出劳力、当帮手。在夯实地基过程中，两三个人一组，合力举起一块大木头，一起往下砸。为了省力，大家不时地哼着自编的劳动号子。此时此刻，劳动场面充满激情，收获的不仅是自力更生建成的综合实验室，更是新单位大家团结奋斗的凝聚力。

在整理综合实验室地面时，需要把一块块的塑料胶板用焊枪焊接起来，以确保实验室地面符合要求。大家从来没有干过塑料胶板焊接，也得自己干。陈德仁于是带头进行焊接。焊接时塑料胶板的异味很大，而且有一定的毒性。没有防毒面具，只能忍受难闻的气味。大家开始都焊得很慢，焊缝歪歪斜斜，不够牢固，慢慢地就掌握了焊接的技巧，不仅速度大大加快，而且焊得平整、光滑、牢固。

几个月下来，综合实验室和模拟实验室在原有的旧食堂和库房的基础上改建成功，成为了17所第一代实验室。不仅如此，大家还盖起了一排10多间的土坯房，解决了职工的住房问题。这批土坯房，用了好几年时间，由于环境整顿，才被拆除，从此消失在人们视野之中，但老一辈的17所人至今仍然记忆犹新。

20世纪90年代，一些到实验室参观的领导都十分惊奇，感叹地说："没有想到，那么尖端的控制系统试验竟是在这样简陋的实验室中进行的，真是'鸡窝里飞出了金凤凰'。"

"鸡窝里飞出了金凤凰"这句话，从那时起一直流传至今，成为17所人珍视的光荣传统和宝贵的精神财富。

新建的研究所，人员来自不同的系统和单位，公安部七所有些人开玩笑，

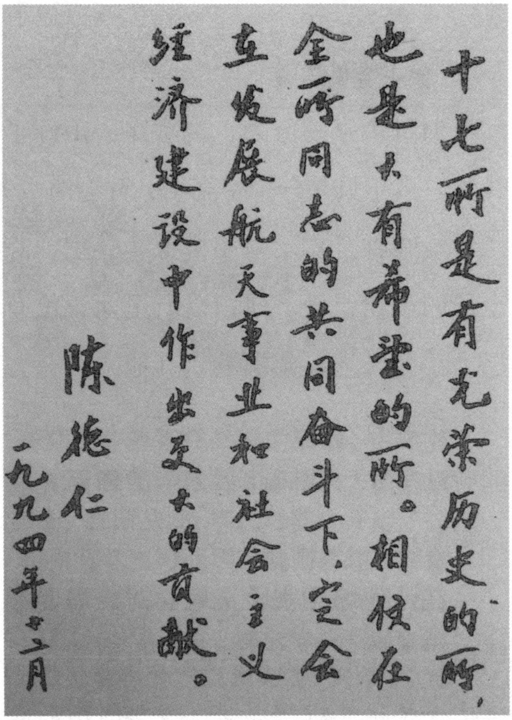
十七所是有光荣历史的所，也是大有希望的所。相信在全所同志的共同奋斗下，定会在发展航天事业和社会主义经济建设中作出更大的贡献。
陈德仁
一九九四年十二月

1994年陈德仁为17所题词

给陈德仁取了一个外号叫“蒙古人”，说他既霸占了公安部的地，又霸占了公安部的人。陈德仁听后，只是一笑了之。要将来自不同部门和系统的人员组织起来，迅速整合成为一支能征善战的攻坚队伍，这才是当务之急，更是今后成功的基础。陈德仁既是技术的领军者，也是新单位的组织者和领导者，他深知肩上责任之重。

为了工作，陈德仁放弃原有的住所和配套的家具，把家从永定路搬到了木樨地，和另一家人挤住在一套三居室里。刚搬到木樨地时，家里除了一堆堆书之外，只有两张床和两把小椅子。两摞书上架一块面板，就是书桌兼餐桌。这一挤就是近10年，后来才增补了一间房，陆续添置了一些家具。

1973 年 3 月 17 日，陈德仁被任命为 17 所党的核心小组副组长，1978 年 1 月，被正式任命为 17 所所长，党委常委。他是 17 所建所的第一任所长。

3. 巨浪一号

1968 年 7 月 22 日，陈德仁正式负责“巨浪一号”控制系统研制工作。

万事开头难。建所之初，没有资料，没有图纸，没有样品，国内基础薄弱，国外又进行严密的技术封锁，17 所固体导弹控制系统研究几乎从零起步。在既无资料借鉴、又缺乏实际经验的情况下，面对技术难度大、攻关课题多、研制队伍新、技术协调复杂等困难，陈德仁作为技术领导和专家，带领大家不畏艰辛、勇于开拓，积极投身到科研工作中，型号研制工作很快在全所开展起来。

陈德仁首先带领设计人员进行“巨浪一号”控制系统各分系统的方案论证。作为研制工作的起步阶段，树立明确的技术指导思想是非常重要的。此时，根据国内外的形势和技术发展情况，陈德仁提出了这样一些原则：坚持质量第一，安全第一；充分借鉴地地液体导弹型号的研制技术和经验，适应固体潜地导弹型号的特点，敢为人先，大胆采用先进技术；始终坚持设计标准化、系列化、规范化等。

在主持控制系统研制中，陈德仁进行了许多开创性的工作，解决了设计和试验中的许多技术关键，如：改变初始程序角以适应固体推进剂的高燃速；优化关机方程中的时间补偿函数以减小推进剂秒耗量散布大引起的射程偏差；采用非线性控制技术解决导弹在海的浪、涌作用下出水的大姿态稳定问题等。

对于控制系统中的制导系统，方案主要是在平台 / 计算机方案与捷联补偿方案中选择。由于潜艇水下发射，机动范围大，若采用捷联方案，补偿系数十分复杂，实现难度大，此外，潜艇在水下运动时，艇的纵横摇摆会使陀螺的初始对准变得非常困难，而且捷联补偿方案的仪器设备体积大，难以进仪器舱。而反观平台 / 计算机方案，我国的液浮平台系统和高集成度的计算机已经取得了很大进展，在精度、性能指标和体积等方面，平台 / 计算机方案都比捷联补偿方案要更具优势，更能满足潜艇水下发射的要求。

早在 1965 年年初，国防部五院围绕远程导弹的控制方案开展了一场有上百人参加的大讨论。用“平台 / 计算机系统”，还是用“捷联补偿系统”，是争论的焦点。通过这次方案大讨论，争论各方进一步深化了认识，明确了观点和问题。最后，国防部五院党委决定远程导弹的控制方案采用“平台 / 计算机”方案，并立即组织开展了型号预研工作。在工作开始阶段，照搬国外全量型制导，计算非常复杂，数字机中的集成电路非常多，实现十分困难，可靠性难以保证。因此，必须从中国实际出发，走出一条适合中国国情的路。

陈德仁担任七机部一院 12 所副所长兼系统理论研究室主任期间，带领系统理论研究室的技术人员经过反复思考和讨论，根据补偿理论中采用的终端不变原理，提出采用增量型计算方法来简化制导计算。经过两年多夜以继日的奋战，在七机部二院计算站的配合下，计算了上千条弹道，终于在 1967 年 7 月推导出“常系数积分型平台计算机制导方程”，极大地简化了制导计算，使计算机使用的集成电路减少一半，保证了系统可靠性。这一方法不仅解决了远程导弹制导系统实现上的困难，而且为其他各种大型运载火箭实现高精度、高可靠和简单化奠定了基础。

因此，在“巨浪一号”控制系统设计时，陈德仁决定大胆采用“平台 / 计算机”方案。在陈德仁的带领和指导下，综合设计室制导组的设计人员提出了改进摄动制导寻优补偿设计方法，简化了制导关机方程和横向导引方程，去掉了纵向导引方程，同时，对发动机干扰采取了最优补偿，使方法误差达到最小，不仅减小了计算机的计算量和装定量，在很大程度上缩小了计算机的体积，使计算机能够装进仪器舱，还有效保证了制导系统的精度。

1968 年 10 月，七机部一院召开“巨浪一号”制导系统方案论证会，会议由屠守锷副院长主持，钱学森参加了会议。钱学森在会上指出：“‘巨浪一号’研制难度很大，是集科学技术之大成。”经过会议讨论，一致同意“巨浪一号”制导系统采用“平台 / 计算机”方案，并于 1969 年 1 月获国防科委正式批准。

固体潜地导弹在潜艇水下发射后，由于受潜艇速度及浪、涌的影响，导弹出水时会形成较大的姿态角及姿态角速度。为此，出水大姿态的稳定问题就成了控制系统的重大难题之一。

陈德仁带领综合设计室稳定组的设计人员对出水大姿态的控制进行充分研究，经过认真分析和讨论，初步确定了伺服机构的最大速度及速率陀螺测速特性后，用姿态限幅的非线性控制方法，有效地解决了出水大姿态的控制问题。这一方案于 1969 年 5 月论证通过。

潜艇水下发射导弹，很大的技术难题就是瞄准，因为潜艇不是静止不动的。“巨浪一号”的方位瞄准，要求在潜艇航行条件下，保证弹载惯性平台的初始方位始终精确地稳定在射击方位上。由于潜地导弹是在运动的潜艇上发射的，艇在水下的纵横摇摆，给导弹瞄准带来极大的困难，所遇到的技术难度要比陆基定点瞄准大得多。瞄准系统原先采用的方案是光电瞄准方案，但是这一方案还存在一定的缺陷，在方位基准传递过程中，没有解决艇体变形问题。“巨浪一号”的瞄准系统的研制和抓总由 17 所负责，设备研制则由中国科学院长春光机所承担。

陈德仁在组织设计人员进行大量调研之后，提出应充分利用光学系统的高精度优势，避免光电转换中的精度损失。在他这一思想的指导下，17 所设计人员和长春光机所有关人员一起努力，在原方案基础上提出了能补偿艇体变形的全光路瞄准仪方案，在设计上具有很多独到之处，属于我国独创，比美国的北极星潜地导弹瞄准方案简单，但精度满足了设计要求，在后续的瞄准精度试验考核中得到验证，在飞行试验中再次得到进一步验证。

1969 年 6 月，陈德仁撰写了《关于“巨浪一号”控制系统研制情况报告》。

1970 年 5 月 11 日，陈德仁参加了七机部召开的“巨浪一号”研制首次工作会议（7511 会议）。相关领导在会上听取研制情况、计划安排和存在的主要问题的汇报，讨论了陈德仁《关于“巨浪一号”控制系统研制情况报告》，达成了初步的共识。这次工作会议标志着方案阶段顺利结束，可以转入初样研制，意义非常重大。

1971 年 5 月，陈德仁带领技术人员完成第一次

“巨浪一号”控制系统（模样）综合试验任务。7月，陈德仁撰写了《关于“巨龙二号”预先研究课题计划》的报告（“巨龙二号”是根据“巨浪一号”未正式定名前的名称“巨龙一号”来的），暂定19个课题。在“巨浪一号”刚开始研制时，陈德仁就早已想到了以后的发展，并拟定了预先研究课题计划，这也是他在12所大力开展预先研究时所打下的基础。

航天产品是严格按照模样阶段、初样阶段、试样阶段、定型阶段的研制程序开展的。由于“巨浪一号”仓促上马，特别是受“文化大革命”的影响，研制过程曲折、艰难，预期的研制时间拖长了好几年，本应在研制初期解决的技术问题被大量遗留了下来。因此，陈德仁除了要在带领技术队伍上下工夫之外，还必须带领大家进行各项关键技术的攻关。只有突破这些关键技术，才可能使研制工作进一步开展。

在陈德仁的带领下，“巨浪一号”控制系统艰难地走完了初样阶段。

4. 狠抓质量

陈德仁深知，控制系统是导弹武器系统的重要组成部分。控制系统的正常可靠，对导弹稳定飞行以及准确命中目标起着至关重要的作用。“巨浪一号”控制系统需要适应固体潜地导弹的特点，液体导弹控制系统的研制经验有一定的借鉴意义，但很多技术关键和难题需要解决，比如前面介绍的出水大姿态的稳定问题和方位瞄准问题等，还需要采用一些新器件，这就增大了研制的技术难度。为了确保研制成功，他对控制系统的设计质量极为重视，从设计工作开始，采取了各种有效措施，狠抓质量工作，收到了明显效果。

他非常重视方案论证的质量工作，并把它作为确保设计质量的起点来抓。在明确了“巨浪一号”控制系统的设计要求和技术难点之后，他带领技术人员深入调查研究。比如在论证制导方案时，到研制惯性器件和小型计算机的单位进行调研，了解液浮平台和弹上计算机的研制情况、技术水平和发展前景，对于后来采用“平台/计算机”方案起到了重要的参考作用。为解决稳定系统对出水大姿态的控制，他带领技术人员进行模拟试验及大量计算，找出了影响导弹起飞稳定性的因素，为方案论证和设计工作提供了依据。

电子元器件是电子设备的组成单元，其性能和质量决定了电子设备的性能和质量。电子元器件是航天产品不可缺少的重要组成部分，电子元器件的性能、质量与可靠性是决定航天产品成败的关键性因素。陈德仁尤为重视电子元器件的质量管理工作。为保证某些电子元器件产品的质量，他直接派出技术人员深入到相关电子元器件生产厂家进行质量摸底，参加可靠性试验，在生产现场了解工艺和管理情况，协助工厂分析缺陷，改进工艺，加强产品质量控制，取得了良好效果。一些元器件都是在国内首先得到使用，还推广应用于其他型号中。比如，集成度高、轻小型化的变换放大器是控制系统研制的关键项目之一，其中线性低功耗运算放大器是关键器件。七机部于1970年专门组织了攻关组，并落实上海无线电七厂专门研制生产。陈德仁亲赴上海，在设计、工艺、质量控制、筛选等方面和上海无线电七厂进行了充分沟通，使该器件性能不断提高，不仅在变换放大器上得到应用，而且应用于其他控制、检测、遥测等分系统，还推广应用到工业过程控制系统。

由于潜艇径向尺度有限，导弹长度必须严格控制，从而对装弹的仪器有苛刻的小型化要求，同时为避免更换，又相应地提高了可靠性要求。这在我国元器件工艺水平比较薄弱的情况下，不是轻易能做到的。为此，陈德仁专门报请上级，组织部际间合作，在全国范围内开展了一场规模浩大的“七专”系列产品“大会战”。这场会战，对实现我国电子元器件的小型化和高可靠性起到了重要的促进作用。在广泛调查并对应用结果进行分析研究的基础上，17 所制定了“常用电子元器件筛选技术条件”，使元器件的可靠性筛选工作有了统一标准。

在“巨浪一号”控制系统研制初样阶段，为了保证研制质量，在陈德仁的带领下，每个产品或设备都进行两到三个回合的设计和试制。1975 年，为确定产品技术状态，弹上和地面设备全部重新进行了一次初样生产。“巨浪一号”控制系统研制了三个回合的初样产品，进行了五次综合试验，并参加了武器系统匹配试验。各整机除进行功能试验、常温试验外，还进行了各种环境试验和运输试验，对试验中出现的问题都认真进行了研究，一一加以解决。为使设备满足扫描振动和湿热试验要求，设计人员花了几年时间改进结构设计并采用新的隔振系统。

在总结多年研制工作的基础上，陈德仁提出结束初样研制工作的六条标准：第一，系统方案、单元仪器的线路和结构方案，必须要经过充分的理论分析、计算和试验验证；第二，系统和单元仪器的性能指标，必须满足设计任务书要求，做到既稳定可靠，又留有余地；第三，所用主要元器件和材料，必须经过可靠性摸底试验，以使质量确有保证，同时还应落实货源；第四，单元仪器必须经过环境试验，满足技术条件要求；第五，系统模拟和综合、匹配试验，必须全部通过并达到规定要求；第六，设计图纸和技术文件必须齐套。这六条标准，至今仍对型号研制工作具有指导意义。

1977年6月，17所成立了以陈德仁为组长的初样验收小组。首先，由课题负责人提出设备申请验收报告，经研究室主任审核后，然后由初样验收小组对设备逐台进行严格质量把关，只有检查合格，才准予签署“可以开始试样设计”的结论意见。初样验收小组严格按照六条标准对“巨浪一号”控制系统的系统设计、综合设计、单元仪器设备逐项进行检查验收。验收通过后，17所全部完成了“巨浪一号”控制系统初样研制工作，弹上仪器和地面设备相继开始转入试样设计阶段。

在试样设计阶段，设计人员偶然发现以前进行三维弹道计算时用错了横法向加速度表的位置数据，用正确数据重新计算后的结果表明，系统已不稳定。与此同时，在自动化测试设备设计中，图纸中出现了一些重大差错。这两个问题的出现，引起了陈德仁的高度重视。他决定对“巨浪一号”控制系统的设计，从系统到单元仪器设备，开展一次设计质量复查。这次质量复查重点有以下五点：第一，设计图纸和技术文件是否完整、准确；第二，技术状态和接口关系是否正确协调；第三，原始数据和计算结果有无差错；第四，元器件和原材料选用是否合理；第五，初样试制中发现的问题是否得到处理。

复查工作整整花了两个月时间，对全所上千份资料和数千张图纸逐份逐页进行了复查，发现了大小差错一千多个，其中重要问题一百多个，有不少是长期未发现的隐患。针对这些差错，设计人员逐一进行了修改，推倒重来的图纸有一百多张。

17 所的质量管理人员对复查出来的问题进行归纳分类之后，发现造成差错的原因主要在工作作风和管理方面。面对这样的结果，陈德仁很受震动。他组织质量管理人员对设计人员进行工作责任心教育，并制定出技术管理规定和加强标准化工作的措施。这次质量复查工作很有成效，得到了七机部领导的肯定，并在整个七机部范围内进行了推广。类似的质量复查，17 所反复进行了多次，取得了很好的效果，有效地保证了设计质量。

5. 言传身教

17 所刚刚成立，条件非常艰苦，加上正处于“文化大革命”动乱时期，不仅缺乏有经验的设计骨干，基础设施也非常薄弱，连仪器设备和物资材料都相当缺乏，甚至连接线板都没有。有一些仪器，比如测频率特性的仪器，全所只有一两台，往往四个研究室都需要使用，严重影响了计划进度，怎么办？大家只能统筹安排，合理调配，你白天用，我晚上用，加班加点，保证全所计划进度不受影响。

还有其他各种硬件，大家发扬自力更生的精神，没有接线板，就在木工房要些木头，然后拿到家里去做一个接线板带回实验室。需要仿真用的实物控制台，搞实物的同志就自己敲敲打打装配出来。

就是在这样艰苦的条件下，陈德仁带领大家从无到有，从弱到强，一路干下来。他是大家的主心骨，在技术上给大家指方向，在工作上手把手教大家。

在做仿真试验时，伺服机构要测波形，很多刚来的年轻人没有经验，对此束手无策，陈德仁说：“我来给你们搭电路。”他边搭边教大家，很快测试电路就搭建好了，让年轻人佩服不已。大家没想到陈德仁作为技术专家和领导，不只是学术理论在行，动手能力也相当强。和陈德仁相处一段时间后，大家都一致认为，陈德仁是大家的良师益友。

在17所，有一位陈德仁的学生和挚友，他就是栾恩杰。栾恩杰，1940年11月出生于吉林省白城子，祖籍辽宁沈阳，中共第十三、十四、十五届中央候补委员，我国著名的导弹控制技术专家和航天工程管理专家，中国工程院院士，国际宇航科学院院士。1965年，栾恩杰毕业于哈尔滨工业大学自动控制系，1966年至1968年在清华大学机械系攻读研究生，毕业后被下放到军垦农场锻炼，1970年进入17所，历任工程组长、研究室副主任、研究所副所长、所长，后陆续担任二院副院长、航空航天工业部总工程师、航天工业总公司副总经理、国防科工委副主任兼国家航天局局长、中国嫦娥工程总指挥、国防科工局科技委主任。

栾恩杰毕业后来到17所，在参与“巨浪一号”瞄准系统方面的研究时，初出茅庐的他并不知道什么是导弹，工程经验欠缺。陈德仁就像老师一样对他进行悉心的指导，手把手地教，这让栾恩杰很感动，一直铭记于心。

1976年，陈德仁带着栾恩杰赴长春光机所参加瞄准系统匹配试验，期间发现有干扰存在。在17所做试验时并没有出现这种现象。两人于是一起研究干扰从何而来，到底是什么性质的干扰。经过几天的排查，他们发现干扰来自信号的不平衡，各种“地”比如信号地、机壳地、大地等混接在一起。通过分析，陈德仁现场亲自动手修改，最后彻底解决了这一问题，圆满完成了匹配试验任务。这件事让栾恩杰印象非常深刻。

在工作中，陈德仁始终坚持三严作风，并把这种作风从12所带到了17所。他发现问题直接给本人点出来，对事不对人，务求以后改进。对于大家送上来的报告，他认真仔细地审阅，把报告的来龙去脉分析得非常清楚透彻，对报告中的公式，他会自己亲自推导一遍，对提到的数据，他会一个一个核实、推导。

对于报告中存在的问题，他会把编写人员叫到办公室，当面交代清楚，直到对方真正理解了才算过关。

在陈德仁身边，大家实际上就是他的学生，一边工作，一边跟着他学习，不断提高。

李连仲（导弹控制系统专家，17 所研究员）原是哈尔滨军事工程学院导弹工程系的老师，1974 年 7 月到 17 所参与“巨浪一号”研制协作任务，1975 年 10 月正式调入 17 所。他当时研究四元数算法，写了一份 30 多页的报告送给陈德仁看，后来他自己发现某个角度写反了，于是立刻找到陈德仁，向陈德仁汇报。没想到陈德仁指着报告上某页空白处的铅笔批注说：“我已经看见了。”李连仲发现，陈德仁留下的批注已然指出了他的错误之处，顿时感到非常佩服。

在 17 所，陈德仁在各个方面都是大家的榜样，他的一言一行，都在潜移默化地影响着大家。在他的领导和培养下，一大批科技人员成长起来。除了栾恩杰和李连仲外，还有周炎勋、庞玉宽、韩金堆、王世业、陈世年、李高风等，都成为各自专业领域的技术骨干和领军人才。在较短的时间里，新建的 17 所打造出了一支生气勃勃、富有战斗力的科研队伍。

陈德仁

陈德仁院士传记

Academician Chen Deren's Biography

第六章

巨浪腾空

1982年10月12日，我国研制的固体潜地导弹“巨浪一号”首次发射成功，捷报传来，震惊了世界。回顾“巨浪一号”研制的艰辛历程，陈德仁感慨万千。

1. 迎来春天

20 世纪 70 年代，“巨浪”型号由七机部四院划归七机部一院管理后，一院由于型号比较多，任务比较重，全院领导的主要精力和主要的生产试验设备都集中在研制其他重点型号上，无暇顾及“巨浪”型号。对于“巨浪”型号，一院并无配套的研制、试验设备以及生产厂房，一时也难以配齐，只能用液体型号的旧厂房对付着开展工作。十年动乱期间，研制秩序受到干扰，研制体制反复变动，人心涣散，加上型号仓促上马，又没有开展预先研究工作，一些关键技术迟迟未能突破。种种不利情况，致使“巨浪一号”的研制进展十分缓慢，周期拖得很长，形成年年定计划、年年无变化的被动局面。面对这样的局面，陈德仁在 17 所只能做好自己业务范围内力所能及的工作，努力使“巨浪一号”研制工作的“列车”不在 17 所“晚点”。尽管大家都付出了辛勤的汗水，17 所也已经全部完成了“巨浪一号”控制系统初样研制工作，弹上仪器和地面设备相继转入试样设计阶段，但“巨浪一号”的整体研制工作还是没有多大起色，长时间徘徊在初样研制阶段。

1976 年粉碎“四人帮”后，开始拨乱反正。航天事业迎来了新的机遇，也面临着巨大挑战。

1977 年 9 月，国防科委在中央军委副秘书长张爱萍的主持下，制定了《战略武器和航天技术的发展规划》，明确了 80 年代初期航天工程的三项重点任务：向太平洋发射“东风五号”洲际导弹、由潜艇水下发射“巨浪一号”固体导弹和发射地球静止轨道通信卫星（后统称“三抓”任务）。在《战略武器和航天技术的发展规划》中，更加明确地指出了“巨浪一号”是第一个潜地固体核导弹，机动性、隐蔽性好，而且固体型号是今后的发展方向，要争取尽早突破。

作为“三抓”任务的“一抓”，“巨浪一号”仿佛重获新生，在张爱萍的亲自指挥下，一些原本非常棘手的问题迎刃而解了，整个型号的研制工作有了较快进展。陈德仁对此感到欢欣鼓舞。

“三抓”任务技术新、难度大、周期长、技术密集、知识密集、设备密集，组织协调复杂，安全要求严格，是现代化合成兵团的科学会战，是规模宏大的空中、地面、水下联合立体作战。而“三抓”任务的前两项和发射通信卫星的运载火箭的研制都集中在了一院，一院工作任务的繁重显而易见。

鉴于一院型号研制任务的负担过重，而七机部二院承担的某重大型号由于国际形势变化“下马”后，方向不清，任务不明，为了加强对“巨浪”型号的领导，充分利用二院的研制、生产能力，中央军委副秘书长张爱萍和七机部部长宋任穷（后任中共中央政治局委员）决定，将“巨浪”型号的总体设计部（四部）和17所划归二院。17所从此整建制归属二院。

1979年2月，国防科委召开会议，明确了固体潜地导弹和陆基机动导弹属于一弹两用，要求加速两个型号的研制工作。

1979年4月，调整二院任务体制的问题得到国防科委的批准：由二院全面负责固体潜地导弹和陆基机动导弹的技术抓总与协调工作。

二院对承担这样的重点型号的研制任务极为重视，由院长柴志任总指挥，副院长王兆麒任常务副总指挥。二院在接手固体潜地导弹和陆基机动导弹研制任务后，立即进行了全面的分析：承担型号研制和试验任务的有100多家单位，分布在全国20多个省市，跨几个工业部和军、兵种，真正直属二院建制的不超过五个，要想沿用过去型号院的管理方法显然是不可取的。于是，决定采取“型号抓总、专业协作、统一指挥”的管理体制和相对稳定的配套协作体系，首先从建立两条指挥线入手，加强并健全总设计师系统，强化技术指挥线。

1962年制定的《国防部第五研究院暂行条例（草案）》中，对两条指挥线作出过明确的规定：一条是统一指导技术和学术研究工作的技术指挥线；一条是以计划调度为中心的计划调度线。技术指挥线包括技术指挥员和总设计师、主任设计师、主管设计师、设计师等，他们的职责是：制定产品方案，组织产品设计，配合产品试制，保证产品质量，组织参与大型试验，负责设计定型，提出保障要求（包括经费估算），协同实施研制计划。计划部门根据设计师系统提出的技术方案、技术措施、研制进度，结合国家投资、物资、外协等条件安排计划。计划一经确定，技术指挥员和设计师系统要受计划的约束和节制，积极处理技术问题，协调各个系统的技术进度，力求按计划进度完成任务。同时，计划部门又要根据技术工作的变动情况，随时调整计划，适时调度，解决技术工作中遇到的问题，努力保障技术方案、技术措施的顺利完成。这样，两条线——计划调度线、技术指挥线紧密配合，互相协调，相得益彰。

然而在十年动乱中，这个体制遭到破坏。文革结束后，经过整顿的七机部，在张爱萍的多次强调下，两条指挥线的管理体制得到恢复，并在完成“三抓”任务中得到进一步完善。“三抓”任务中的指挥体系由技术和行政两条指挥线组成，建立了总设计师系统和总调度指挥系统。总设计师系统，是一个跨建制、跨部门的技术指挥系统，按任务的总体、分系统、单项设备的序列，分别任命总设计师、主任设计师和主管设计师，负责研制设计技术工作；总调度指挥系统，则是由研制抓总单位、承制单位的行政领导及有关部门的管理干部，组成行政指挥系统，负责计划调度、组织指挥和财务、物资保障工作。总设计师系统由技术专家组成，全力投入科研项目的攻坚；总调度指挥系统则是由行政管理干部组成，全力保障总设计师系统，而且绝不允许动摇、干涉总设计师系统的意志、计划和行动。两个指挥系统在国防科委的领导下，分工负责，互相渗透，互相支持，有机地联结为集中统一、畅通灵敏的研制生产指挥体系。

二院建立的“巨浪一号”总设计师系统包括了总设计师室（简称总师室）和总设计师办公室（简

称总师办)，以加强技术工作的指挥、决策和协调。总师室是国防科委和航天工业部领导支持的型号技术抓总机构，是有权威的技术决策和指挥集团，设有自己的专用印章。总师室由总设计师、副总设计师和几名总师助理组成，是型号的技术领导机构，成员包括：黄纬禄、宋健、陈德仁、戴诗正、崔国良、吴明昌、刘国梁、张建志、宋兆法。总师室的日常办事机构是总师办，负责处理日常技术事务，并根据总设计师的意图进行工作。总师办的人员由多年从事型号研制工作、具有一定组织能力、年富力强的技术干部组成，其成员有：刘国梁、张建志、宋兆法。

有了总设计师系统，凡重大研制阶段、重大技术方案和重大研制程序，都是在充分调研和论证的基础上由总设计师系统先召开总师扩大会，集中京内外有关专家，在有关领导和机关人员参加的情况下集思广益，充分听取各方面的意见和建议，然后进行研究决策。在此基础上再召开研制工作会议，安排计划，落实经费，实施统一调度。这样就做到了技术可行、计划协调、经费落实、思想统一、步调一致。“巨浪一号”整个研制工作在统一调度下协调同步地进行，从而有效地避免了工作中各部门之间的尖锐矛盾和工程上的返工以及研制工作中的大起大落现象，保证了研制工作有条不紊地高速进行。

“巨浪一号”从此迎来了新的春天。

2. 力担重任

1978 年 1 月 31 日，七机部决定恢复型号总设计师制度，任命陈德仁为固体潜地导弹“巨浪一号”副总设计师。

一直作为“巨浪一号”控制系统的技术总负责人，这是陈德仁首次负责总体设计工作，担任型号副总设计师，而且是一个如此重要的型号。新的岗位、新的职责，他感到肩上的担子更重了。

走上新岗位的陈德仁

从工作领域看，他自从 1957 年调入国防部五院后，一直从事控制系统的研究工作，专业性较强，涉及的领域不如武器系统总体宽。导弹的总体设计工作涉及到整个武器系统的方方面面，控制系统只是其中的一个重要分系统。然而，担任副总设计师，协助总设计师处理技术方面的工作，就不能只对某一分系统了解，而是要全方位地了解武器系统的方方面面。在控制系统方面，他积累了丰富的经验，是一位资深的控制系统专家，但在总体设计方面，他需要从头开始，去学习，去掌握导弹的总体设计工作。

固体潜地导弹与液体导弹相比，有自己独有的特点：一是发动机采用了固体推进系统，使导弹本身及有关地面设备发生了众多的变化；二是作为与核潜艇配套的武器装备，对工作环境和作战模式提出了不少新的要求。

首先是固体发动机。这个新型的动力系统从它的推进剂配方、壳体及喷管材料、浇注技术、点火方式及安全措施，乃至飞行中的推力向量控制及推力终止等都是有待从头摸索的课题。此外，固体发动机在结构和特殊材料方面也存在诸多难题，如高强度钢壳体，耐腐蚀、耐热震的喷管和喉衬材料等。尤其是一级摆动喷管，既要摆动力矩小，又要密封可靠，防止穿火。发动机研究所经过不懈努力，取得了一些进展，直到 1979 年前后才连续取得试车成功。对于固体发动机这一领域，陈德仁是陌生的，需要从头学习。

控制系统是固体潜地导弹研制中的重大技术关键之一。由于采用了固体发动机，又是在海中航行的潜艇上使用，这就带来了许多新的技术问题。例如，导弹是从发射筒发射出去，弹体不能带尾翼，故形成静不稳定弹体，较难控制，抗干扰差。由于在运动的潜艇上发射，艇的运动，海水的浪涌，严重影响导弹的运动，使导弹出水时形成较大的初始姿态角和姿态角速度，增加了控制难度。潜艇的相关指标严格地限制了导弹弹体外形尺寸，致使弹体内仪器舱空间紧张，而遥测弹体内仪器设备数量多，对于安装部位又有一定要求，仪器装不下的矛盾显得尤为突出，弹上仪器小型化成为必须解决的难题；而且为适应恶劣的使用和贮存环境，弹上仪器还必须全面采取防盐雾、防油雾、防霉菌等防护措施；要在不断运动的潜艇上对导弹进行瞄准，对平台实施调平，潜艇在行进中不断改变发射点的地理位置和射向，需要随时更新射击诸元；等等。

控制系统是陈德仁的老本行。自从 17 所正式承担研制“巨浪一号”控制系统的任务之后，他多次前往内蒙古进行技术协调，摸清“巨浪一号”的作战功能、使用要求和环境要求等，对型号任务进行了全面了解，明确了控制系统的设计要求和必须解决的技术关键。他集中力量抓控制系统方案论证工作，纠正了原方案设想中不合理的部分。

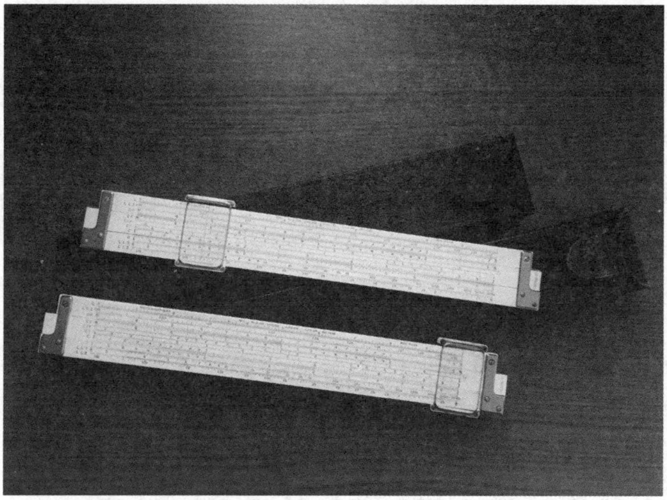

陈德仁使用过的计算尺

为了攻克技术上的难关，他对工作痴迷到了废寝忘食的地步，连续地加班加点，经常在夜里睡不着觉的时候突然坐起来，习惯地抄起他那小小的笔记本，密密麻麻地在上面做笔记；有时在家吃着饭，脑中冒出一个想法，即刻撂下碗筷，拿出计算尺，翻来覆去地推拉演算。他心里一直装着未解决的难题，日思夜想，寻找控制导弹的理想数据、角度及方向。一旦想出更好的办法，白天一上班就及时与大家讨论。

在陈德仁的带领下，17 所攻克了控制系统方面的一系列技术关键。比如在他的主持下，采用非线性控制，解决了出水大姿态稳定问题；导弹在运动的艇上瞄准是不同于陆基导弹的又一难题，他主持并提出了一种“全光学”方案。这种“全光学”方案与美国北极星导弹的光学—电气同步方案相比，设备简单、精度高，是一项重大的创新设计。针对弹上仪器小型化和适应恶劣环境等难题，他主持攻坚，除了在整机结构设计、总体布局上严格加以限制外，还采用异形支架、联体安装等措施。另外，他特别重视落实高可靠小型化元器件的配套研制，促进了新一代元器件的研究与开发。

发射安全是对潜地导弹的一项突出要求。为了杜绝“毁艇伤人”的灾难性事故，必须确保一级发动机在发射筒内和导弹出筒后的一定距离内不能点火，而导弹出水面后又要及时可靠地点火；同时，当导弹达到点火高度，若一级发动机不点火或点火后发生导弹大姿态失稳、程序转弯失灵等故障时，必须将导弹可靠地炸成小块，以减小溅落的残骸对潜艇的破坏力，确保潜艇的安全。他主持确定的点火方案，保证了点火的安全性与可靠性。

遥测系统是导弹在研制阶段为飞行试验取得分析数据的必备手段。虽然它们是各型号均可通用的产品，但由于对象不同，也带来一些特殊要求。例如，在潜艇水下发射试验状态，要取得导弹水下运动的参数。但导弹在水中运动段遥测信号受水的影响发不出来，就必须先对参数进行记忆，待导弹出水面再发射，而且地面遥测接收装置要克服严重的海面多径效应。这些都是陆基型号在地面进行飞行试验所没有、而潜地导弹又必须解决的新问题。

担任副总设计师之后，陈德仁经过学习和调查，对“巨浪一号”的研制情况和存在问题进行全面了解，从 1970 年 5 月全面开展到 1978 年 9 月，“巨浪一号”初步设计基本完成。但是，还有一些技术关键亟待解决。

科研道路是曲折的，攻关工作是艰苦的。

但困难挡不住英雄汉，技术难不倒航天人。在上级的支持和有关单位的协助下，陈德仁使出浑身解数，和型号战线上的其他设计师一道，像蚂蚁啃骨头那样攻关，针对一个个数据、一个个问题、一个个难题，通过一遍遍核实、一

“巨浪一号”外压气密性检查设备设计定型鉴定会（前排左五为陈德仁）

处处查找，一个个解决。经过几年的努力攻关，型号研制中遇到的各种问题都一一得到了解决。

比如，潜艇长期巡航途中需要保持导弹关键参数的可测性，他主持研制适合潜艇上使用的快速半自动化测试设备并补充了采用检零测试方案的动态测试功能，确保定期检测，还可以发现静态测试无法发现的有源网络元件故障；为适应固体推进剂秒耗量偏差大的特点，他提出对补偿方案进行参数优化，其中 $f(\Delta t)$ 补偿的改善使该项方法误差下降了很多。此外，他还在制导领域建立了一批有针对性的预研课题。如闭路制导、星光—惯性复合制导及用于陆上大范围机动发射的自动定位定向系统等，均取得了阶段性成果。

1980 年 8 月，陈德仁被任命为七机部二院副院

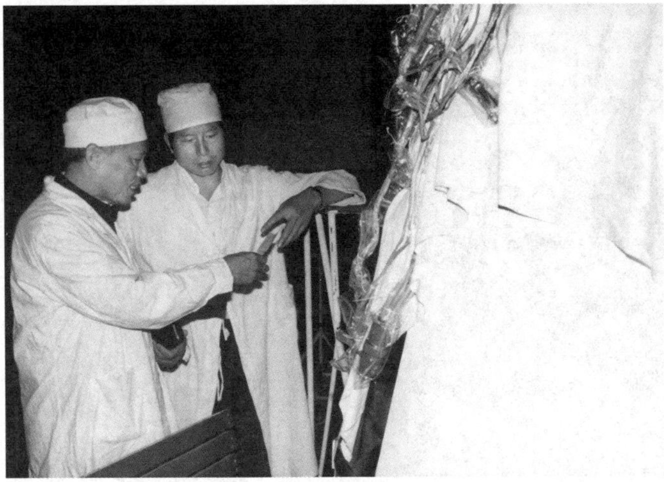
陈德仁（左）在总装车间检查工作

长，除了负责技术工作之外，还主管“巨浪”型号的产品质量。他非常重视并强调产品质量和工作质量，坚持“三严作风”，狠抓质量管理。他要求“巨浪一号”型号线各级人员对产品质量要严格把控，把住质量关，绝对不能放过任何一个质量疑点。他一直认为，科学来不得半点马虎和侥幸，对工作的任何疏忽，都可能在实践中受到严厉的惩罚。为了保证产品质量，他经常赴总装厂检查工作，产品出厂前的测试他往往在场，一旦出现问题，及时进行处理。他长期在试验现场处理技术问题，还经常钻进试验潜艇狭小的舱中参与测试工作，以获得第一手数据。

从 1981 年到 1988 年，在这 8 年的时间里，他在总装厂和靶场处理了包括设计、生产、元器件和测试方面的大量质量和技术问题。每次飞行试验他都参加，在现场主持技术工作，从来没有缺席。

3. 统一计量

陈德仁非常重视计量工作，特别是在“巨浪一号”试验中，严格贯彻落实“统一计量”的要求。某一型号研制过程中曾发生了弹头称重的误差问题，两个研制单位的测量值竟然相差六千克，而弹头称重不准将直接影响命中精度。就这样，量值的统一问题引起了人们的关注。

为了使型号大型试验的量值统一，规定但凡进场参试的通用仪器都要统一检定，这种统一的计量保证行动被称为“统一计量”。“统一计量”是通过统一制度、统一标准、统一要求、统一方法和统一鉴定检查等五个方面来实现的。陈德仁在“巨浪一号”试验中率先严格贯彻落实国防科委“统一计量”传递和测试仪表定期检定的规章制度，强调设计人员必须首先重视测试方法的正确性并提出相应要求。

陈德仁对计量工作如此重视，源于他身边有一位现成的老师，那就是蔡金涛先生。1934 年，蔡金涛先生是美国商务部标准局接受的第一位中国访问学者。由于工作出色，受到国际著名科学家、国际无线电科学协会创始人 J.H.Dellinge 的高度关注。蔡金涛先生不仅将伏特标准和欧姆标准在美国商务部标准局进行了核准，还在德、法、英国的权威机构进行了测试比对，在回国时将恒温盒和标准电阻器寄存在著名科学家李四光（著名地质学家，地质力学的创造者和新中国地质事业的开拓者与奠基人）在香港的友人家中。解放后，他寄存的恒温盒和标准电阻器由著名光学专家王大珩院士（“两弹一星”功勋奖章获得者，应用光学家，中国光学事业奠基人之一，原中国科协副主席，中国科学院院士，中国工程院院士）取回，交国家计量局，成为我国第一批国际伏特和国际欧姆的候选单位标准，一直珍藏在中国计量科学院。陈德仁在这位中国电磁计量技术开拓者身边，耳濡目染，对计量知识和计量的重要作用有着充分的了解和高度的重视。因此，在型号研制中，陈德仁特别关注测试结果的一致性和可信性。

1981 年 1 月，“巨浪一号”01 批首发遥测弹陆台发射飞行试验失败后，陈德仁要求计量站派人去基地，帮助基地计量室在第二发遥测弹陆台发射飞行试验前对参试仪器进行检查。在计量站工作的乔石琼接到老同学陈德仁的要求后，亲自带领一批计量工作骨干去基地，并提出这次检查还应包括专用测试设备的想法，陈德仁当即表示同意。乔石琼带队进场后，计量工作得到了陈德仁的大力支持，试验队将计量工作做为试验前准备工作的七项内容之一。

在 01 批“遥一”、“遥二”变换放大器测试中，陈德仁发现，设计、生产单位用“1440”数字电压表进行测试，而总装厂却用的是“7075”数字电压表。由于检测选用的仪表不一致，出现了测试结果不一致的现象。经计量部门判定，“7075”数字电压表精度更高。然而，他通过深入分析得知，“1440”数字电压表读的是平均值换算成的有效值，而“7075”数字电压表读的是真有效值（即均方根值），对于纯正弦波形，两者是一致的。但如果波形存在失真，两者就有差异。弹上姿态传感器用的交流信号取自换流器，一般来说不是很好的正弦波形，而变换放大器的相敏整流器工作原理是建立在“平均值”基础上的，因此，使用“1440”数字电压表，虽然名义上误差比“7075”数字电压表大，却更能反映产品实际性能，能获得真正有用的精度。在他的主张下，研制队伍明确统一使用“1440”数字电压表。

这件事更加使陈德仁决定在参试专用设备的计量上加强统一。他建立了一套参试测试设备的定期检定制度，对测试方法进行了分析改进，发现并纠正了影响测试量值统一的若干方法问题，比如解决了相敏检波级输入波形畸变对其传递系数测量的影响和测试电路给速率陀螺仪阻尼系数测量带来的大误差问题。

1981 年 6 月，“巨浪一号”01 批第二发遥测弹陆台发射飞行试验获得圆满成功，“统一计量”工作功不可没。

由于贯彻落实了“统一计量”工作，在后续“巨浪一号”三次海试中，没有一个重大质量问题是因为测试设备和检测问题造成的。

4. 蛟龙腾飞

1982 年 10 月 1 日，新华社受权向全世界发布公告：“中华人民共和国将于 1982 年 10 月 7 日至 10 月 26 日，向以北纬 28 度 13 分，东经 123 度 53 分为中心，半径 35 海里圆形海域范围内的公海上发射运载火箭。为了过往船舶和飞机的安全，中国政府要求有关国家政府通知本国船舶和飞机，在当地时间每日 7 时至 17 时不要进入上述海域和海域上空。”

我国第一型固体潜地弹道导弹“巨浪一号”水下发射的重要时刻就要到来。

这一时刻，来之不易。

为了这一重要时刻，从 1968 年到 1982 年，陈

“巨浪一号”导弹发射前检测

德仁期盼和奋斗了 14 年。从 1967 年 12 月国防科委正式下达“巨浪一号”的战术技术指标开始，到水下发射试验即将开展，这个型号走过了近 15 年的研制历程。近 15 年来，无数科技人员的心血与汗水，就要在这次水下发射试验中进行检验。这次发射如果成功，我国就将成为世界上第五个拥有潜艇水下发射核导弹能力的国家，具备了二次核打击的能力。这次发射试验，肩负着巨大的国家使命，承载着许许多多人的殷切期盼。

“巨浪一号”导弹被连夜装上了发射潜艇。首区和末区的舰船编队迅速来到了各自的指定海域待命。沿海观察站的指战员，都把各种观测仪器对准了导弹飞行的方向，等待着发射日期的到来。

随着发射时刻的临近，陈德仁心中愈发激动。

1982 年 10 月 7 日凌晨，核潜艇即将出海。中央军委副秘书长张爱萍亲临试验现场，在总设计师黄纬禄和副总设计师陈德仁的陪同下进行视察，与列队站在艇前码头上的每个操作手一一亲切交谈，并提出具体要求。张爱萍的思想工作做得很细，让陈德仁由衷地钦佩。

海军潜艇准备出航执行发射任务

在指挥舰上，陈德仁作为副总设计师伴随在张爱萍和其他领导身边。他表情平静，然而内心却无比激动。

水下发射即将开始，各战位做好了发射前的一切准备。突然，蓝缎般的海水被拱起、撕裂，“巨浪一号”犹如蛟龙出水，直刺苍穹。导弹发射、出水、点火正常，但点火后不久，弹体突然失控翻转，在空中迅即出现“调头”的大姿态角，在超出安全范围后自毁了。

这一突如其来的变故，使得站在导弹驱逐舰两舷观看发射的人群顿时惊呆了。他们的目光在弹体的爆裂中凝固，人们静默了好久后才清醒过来。首发失利的阴霾笼罩在每个人的心头。

当导弹自毁的那一瞬间，陈德仁正站在指挥舰上。时光仿佛回到了 20 年前，他想起了“东风二号”

首枚水下发射固体潜地导弹
在空中出现调头的大姿态角

首发失利的那一幕，想起了大家失望的表情，想起了聂荣臻副总理勉励的话语。聂荣臻副总理的话语犹在耳畔：既然是试验，就有失败的可能，吃一堑长一智，通过总结经验教训，以利再战，不要追查责任，重要的是找出失败的原因。

在现场的张爱萍也同样勉励大家不要气馁，指示要认真总结经验教训，把好质量关，确保第二发成功。张爱萍的勉励和指示让大家备受鼓舞。陈德仁率领总师办和各分系统的技术人员连夜查找失利的原因。

大家做了细致的分析，并查看了所有遥测数据，最后认为问题可能出在控制系统上。17 所负责控制系统的同志们人心惶惶，心中压力很大。

陈德仁站出来勉励大家："控制系统是我在 17 所时主管的，如果故障确实出在控制系统上，那么首要责任在我。"陈德仁主动承担责任的表态，让 17 所的同志们心里暖暖的。大家一直紧绷的神经，稍微放松了一点。

因为遥测系统工作正常，遥测数据齐全，根据分析、判断遥测数据和现象，技术人员很快就得出故障原因是一个级间分离插头提前脱落，造成一级伺服机构无指令信号输入，致使导弹失控而自毁。大家对失败原因的分析与控制系统综合实验室对故障的复现情况完全一致，故而断定第一发导弹发射失利是由于级间分离插头提前误分离造成的。

张爱萍将军（前排右一）与航天专家座谈（前排左一为陈德仁）

总设计师系统经过认真分析，认为试验现场工作做得很充分，造成级间分离插头误分离的具体原因虽不能肯定，但引起分离的几种可能性已全部分析到，并针对这些可能性进行了充分的计算和论证，均采取了加强和加固措施。大家对第二发试验弹很有信心。

当时试验准备了三发试验弹。禁海公告是有时限的，由于失败原因很快找到，所以第二发决定采取综合治理，从各个方面采取补救措施。

在国防科工委①、海军、基地、航天工业部②有关领导参加的会议上，黄纬禄代表总设计师系统，从技术角度出发，把查找故障的过程、通过分析得出的结论等作了详尽汇报。张爱萍听取了汇报并做了总结性

① 1982 年 5 月，国防科委、国防工办和军委科装委合并为国防科工委，全称“国防科学技术工业委员会”。

② 1982 年 4 月，第七机械工业部改称航天工业部。

发言，决定第二发试验弹按预定时间发射。

1982 年 10 月 12 日，我国渤海海域天蓝海碧。在平静的海面下，“长城 200 号”潜艇正在潜航，并装载了第二发“巨浪一号”试验弹。

陈德仁站在指挥所的会议室里，默默地看着大海。这几天来，他把所有问题都仔仔细细地思考了一遍，信心十足。

“这次一定会成功！”

成败在此一举！

15 时 01 分，当发射命令一下，顷刻间“轰隆”一声巨响，乳白色的导弹以雷霆万钧之势跃出碧海，带着冲天水柱，腾空而起，随之烈焰迸发，弹体昂首飞腾，按照预先设定的轨道，以一条优美的飞行曲线消失在天际，直奔预定海区。这是一个让人窒息的时刻，凝固的空气里充满了期待。

与此同时，指挥所里鸦雀无声，大家都在紧张地等待导弹飞行情况的报告：

“导弹发射正常！”

“一级发动机点火！”

“导弹两级分离！”

“头体分离正常！”

没有发生上次的故障，陈德仁静静地等待着新的消息。等待的过程总是那么漫长。

10 分钟左右，喇叭里传来新的报告：

“末区发现目标！”

“弹头命中预定海域！”

听到这两句话，陈德仁眉头舒展，脸上露出欣慰的笑容。大家都明白这两句话所代表的含义。

“成功了，真的成功了！”

“巨浪一号”发射成功

此时，指挥所里欢腾一片。国防科工委领导、海军领导、航天工业部领导、各参试单位负责人脸上都洋溢着笑容。发射海域周围的山坡上，观察试验的人群听到试验成功的消息都欢呼雀跃，激动万分，喜悦之情溢于言表。

当天下午，“长城 200 号”潜艇胜利返航。在军港码头，四面八方的人汇集于此，前来迎接凯旋的战士。

张爱萍挥毫写下了那首有名的诗篇表示祝贺：

体态天工巧，
玲珑一代骄，
蓦地冲天起，
神力震海魈。

1982 年 10 月 16 日，中共中央、国务院、中央

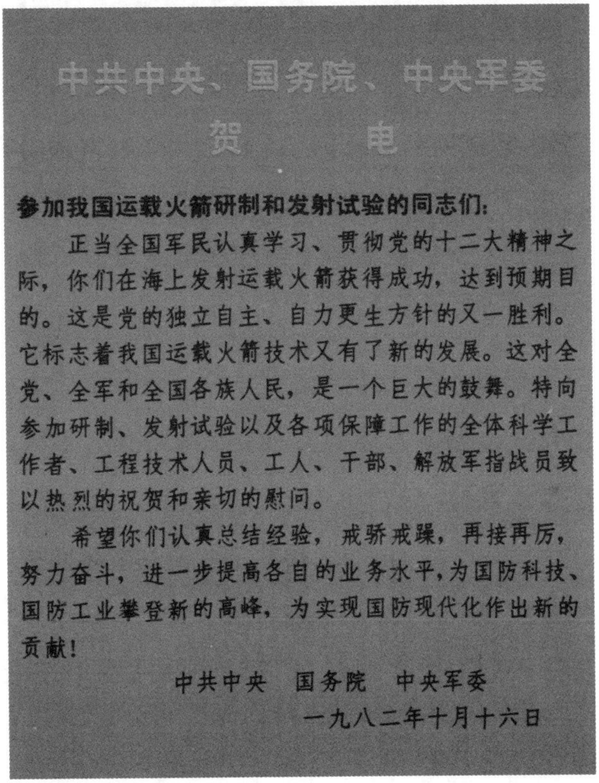

中共中央、国务院、中央军委

贺电

参加我国运载火箭研制和发射试验的同志们：

正当全国军民认真学习、贯彻党的十二大精神之际，你们在海上发射运载火箭获得成功，达到预期目的。这是党的独立自主、自力更生方针的又一胜利。它标志着我国运载火箭技术又有了新的发展。这对全党、全军和全国各族人民，是一个巨大的鼓舞。特向参加研制、发射试验以及各项保障工作的全体科学工作者、工程技术人员、工人、干部、解放军指战员致以热烈的祝贺和亲切的慰问。

希望你们认真总结经验，戒骄戒躁，再接再厉，努力奋斗，进一步提高各自的业务水平，为国防科技、国防工业攀登新的高峰，为实现国防现代化作出新的贡献！

中共中央　国务院　中央军委

一九八二年十月十六日

中央贺电祝贺我国固体潜地导弹首次发射成功

军委发来贺电，向参加固体潜地导弹研制和发射试验的全体人员表示祝贺和慰问。同日，中国发表了试验结束的新闻公报，试验海域恢复正常航行。

15 年的艰难研制历程，全国 19 个省市、10 个工业部门的 100 多家单位、3 万多人的心血与汗水，终于换来了这一刻的胜利。这次胜利，标志着中国具有了二次核打击的能力，使我国在世界上做出“无论在任何情况下，都不首先使用核武器”的庄严承诺时，有了足够的底气！此前，世界上只有美国、苏联、法国、英国掌握了潜地导弹发射技术。地球上 70% 的面积是海洋，我国有了能够在海底任意游弋、具有随时发射弹道导弹打击目标的核潜艇，其战略意义非同寻常。

1985 年，陈德仁因固体潜地导弹潜艇水下发射项目的重大贡献，荣获国家科学技术进步奖特等奖。

“巨浪一号”参加1984年国庆阅兵

固体潜地导弹潜艇水下发射获国家科学技术进步奖特等奖

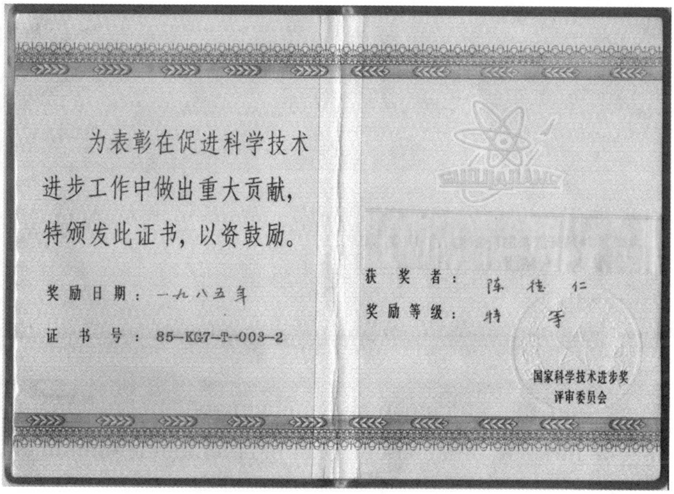

5. 一弹两用

早在“巨浪一号”研制初期，七机部四院四部侯世明（固体弹道导弹技术专家，某型号总设计师）就在“巨浪一号”论证报告中明确提出了“一弹两用”的研制原则。

1975年，在制定固体导弹发展规划时，七机部对侯世明进一步提出的“巨浪一号”配设机动发射设备的总体方案和增程技术途径进行了论证，认为“一弹两用”周期短、投资少，可取得两种型号的效果，这是解决我国陆基机动发射固体弹道导弹有无问题的“快与省”的方案。于是，这项包含着“一弹两用”设计方案的发展规划的建议被上报了，该方案立即得到国防科委主任张爱萍的赞同和未来使用单位的支持。

1975年5月，国防科委上报中央军委，提出“巨浪一号”潜地导弹是很有发展前途的固体型号，应争取定型装备部队；同时开展改进工作，改为地地型号，用汽车机动发射等。毛泽东主席于5月25日圈阅“同意”。至此，潜地导弹“上岸”的问题正式被确立。

1978年8月，国防科委召开尖端技术发展规划座谈会，提出潜地型号“上岸”工作要坚决开展，对潜地和“上岸”型号按两个武器系统安排工作。

1979年2月，国防科委召开“固体陆基机动导弹总体方案论证会”，陈德仁参加了此次会议。会议确定了该型号的战术技术指标，要求在潜地导弹技术方案基本不变的前提下开展陆基型号的研制工作，并于1985年完成定型。这实际上就是要求陆基机动导弹从正式研制开始，在5年之内完成定型。一般来说，一个新型号的研制要经过模样、初样、试样和定型几个阶段。按照要在5年之内定型的进度要求，这意味着该型号只能进行一个回合、一个批次的研制，换句话说，要一次成功。

1979年4月25日，七机部党组决定，任命陈德仁为固体潜地导弹和陆基机动导弹的副总设计师。

1980 年，“中央专委”正式批准开展陆基机动导弹的研制工作。指导思想是：充分利用“巨浪一号”的研制成果，尽可能做到“一弹两用”，充分发挥固体导弹的特点，努力提高武器系统的使用性能。

十年磨一剑，历史又一次验证了研制任务的艰辛。

在研究和论证“巨浪一号”固体潜地导弹“台、筒、艇”三步试验程序时，研制团队已经意识到，固体潜地导弹的陆上筒发射状态很接近陆上机动发射状态。当陆基机动导弹的研制工作正式开展后，研制团队召开方案论证会，进行可行性论证，分析了同时开展两个型号研制的形式和特点。大家进一步认识到，导弹及相关测试、发射设备并非由艇上直接搬到车上就能用。导弹要做相应的修改，发射阵地和待机阵地的测试，发射设备及车辆，特别是用做运输、发射导弹的车辆需要重新研制。潜地导弹在艇上是近距离平瞄，即瞄准光管与导弹的瞄准窗口在同一水平面上，而陆基机动导弹是远距离斜瞄，导弹的修改必须适应这一变化；弹上计算机为适应“潜地上岸，一弹两用”的原则，基本上要进行重新设计，重大的改造还包括：变弹道程序脉冲、一级补充点火、关机点遥测记忆重发、时标精度、多批次多目标诸元装定方案，等等。这些有别于潜地导弹的新技术，在研制周期的限制下要求一次改造成功。

此外，潜地导弹“上岸”，还有一个重要问题：那就是导弹的尾罩。潜地导弹尾罩分离后会落入海中，在海水阻力的作用下不会伤及潜艇，而陆基机动导弹尾罩分离后，在发动机喷流的作用下会急速下落，很容易伤及地面的发射车辆及人员。

陆基机动发射导弹的重头戏，是与导弹相匹配的一整套地面测试发射车辆。陆基导弹的相关测试、发射设备不能一股脑地由潜艇上搬到发射车上，这些都要按照车辆需要重新研制，需要组织专门的技术队伍。这也给陆基机动导弹研制提出了新的要求。

这些难题，都摆在了研制团队面前。在陈德仁的关心与指导下，控制系统完成了适应“一弹两用”、多技术状态的综合设计，还进一步完善了冗余设计。

导弹通过一系列修改设计后，实现了“一弹两用”的目标。同时，在整个研制团队的不懈努力下，导弹技术改造顺利完成，实现了导弹射程增加、射击

陈德仁（右五）在陆基机动导弹发射试验基地与有关领导和专家合影

覆盖范围扩大、射击精度及全弹质量和可靠性提高的目标，满足了研制任务书的要求。

1985 年 5 月，陈德仁随试验队奔赴试验基地，他们将利用新研制的多功能发射车和其他配套车辆，首次进行陆基机动导弹的飞行试验。这一次，发射装置是全新的，而导弹本身又经历了若干项地面大型试验，诸多因素叠加在一起，使得这次飞行试验的成功与否关系格外重大。

5 月 19 日，在控制系统测试中，某通道出现一次参数超差，二次重测，参数又趋正常。是偶然还是必然？是弹上系统的问题还是地面设备的问题？需要及时准确地判断。但由于受到试验场地的环境限制，试验队不可能模拟各种可能因素，来复现故障、确诊原因。陈德仁经过仔细分析后，建议用自动化测小迴路和动态，以便进一步验证弹上设备工作的可靠性，可能的话，再增加这个通道的测试检查。他的建议得到了采纳。

上午 10 时，基地会议室坐满了部队首长、试验领导小组成员及参试单位代表。决策会议紧张地进行着。

首区、末区、航测、通信、气象、时统各系统汇报：“准备工作良好，只待发射命令。”发射阵地汇报：“一切工作准备就绪，只待该通道检查的结论。”

真是万事俱备，只欠东风。急盼之中，做完补充试验的技术人员匆匆赶回。他们汇报了试验结果，共同认为：弹上系统工作稳定，一切正常，建议发射。经过紧张而严肃的讨论，会议一致决定当日下午发射。

发射场坪上，导弹发射筒已经竖起。阵地上一片寂静，只有广播器在传送着各种口令和指挥信息。

“各号注意，五分钟准备！”紧接着，两颗红色信号弹凌空升起，全试验场区的气氛异常严肃、紧张。

“两分钟准备！”……

随着发射主令的下达，一阵巨响，大地随之颤抖，一枚导弹带着橘红色的尾焰腾空而起，最后在大家的期盼中准确命中预定区域。随着消息传来，大家都兴奋地欢呼雀跃，或相互拥抱，或相互击掌，用各种方式尽情表达着成功的喜悦，发射阵地上欢笑声一片！

前后共三枚遥测弹的发射试验大获全胜，极大地振奋了人心。这标志着我国第一代陆基机动导弹的研制成功。这是我国战略导弹研制史上的又一壮举！

此型号的研制成功，填补了我国导弹与航天技术的一项空白，使我国成为世界上少数几个能够自行设计制造陆基机动导弹的国家之一。

1983年8月，参加中国宇航学会制导与控制技术交流会的专家合影（中排左二为陈德仁）

6. 总设计师

固体潜地导弹首次潜艇水下发射试验的成功，给“巨浪一号”研制团队以极大的鼓舞。然而，这只是阶段性的胜利。整个研制团队很快又投入到为实现下一个目标的攻坚战中。

从潜艇发射的导弹如果出水时姿态角过大，就会导致飞行试验的失败，这一点研制团队早已达成共识，也是研制团队长久以来一直非常关心的问题。解决在高海情下导弹对出水大姿态的适应性问题的方法有多种。1983 年，在第五次总师扩大会上，经过有关各方充分了解情况和讨论之后，有针对性地确定了要采用一项与首次水下发射有所不同的新技术。早在 20 世纪 70 年代，该项技术就被确立为预研课题。进行论证研究两年后，进入到试验研究阶段。科研人员进行了多次缩比模型试验，对该技术的认识有了一定的加深。

1983 年至 1985 年，“巨浪一号”设计师系统和行政指挥系统对质量控制和研制进度提出了“图纸有问题不下厂，产品不带问题出厂、不带问题总装、不带问题参加飞行试验，保证达到设计技术指标”的“四不一保证”要求。作为“巨浪”型号质量的负责人，陈德仁带领质量部门的同志贯彻落实这一要求，狠抓质量工作，使得后续生产出来的产品质量明显提升。

1984 年，研制团队先后用了 8 个月时间，进行第二批陆上发射筒发射试验。整个陆上发射筒发射试验阶段取得了数次发射成功的好成绩，极大地鼓舞了研制团队的士气。

1983 年下半年，研制团队准备用于第二次潜艇水下发射的新技术试验方案完成了总体论证，1984 年又用了近半年的时间，试验方案实施完成，一切都在按计划顺利进展。

在一系列陆上试验和常规动力潜艇水下发射模型弹试验的基础上，为了考核弹道导弹核潜艇满足发射条件的操纵性以及潜艇导弹发射系统实时工作的正确性、协调性和可靠性，海军方面进行了弹道导弹核潜艇的第一次水下模型弹弹射试验（代号“915”任务）。发射试验于 1984 年 4 月进行，在渤海海域共发射了 4 枚模型弹，3 枚获得成功。试验结果表明：弹道导弹核潜艇发射系统设计方案正确，操纵性能较好，满足发射条件；整个试验除了海洋水文气象不具备条件，未能考核高海情外，其余均按试验大纲要求，完成了规定的项目，获得了比较完整的测量数据，为海上发射遥测弹试验打下了技术基础。

1985 年 5 月，国防科工委和海军遵照中共中央、国务院、中央军委的决定，向有关单位下达了弹道导弹核潜艇实施潜地导弹水下发射试验的要求。这次试验（“9185”试验）的主要目的是考核全武器系统（即弹道导弹核潜艇发射控制系统和导弹本身）的综合性能，鉴定武器系统的战术技术指标，也是该型号定型前的一次重要试验。要求下达后，建立了试验组织，明确了分工。首区和末区分别成立了指挥部。在首区指挥部统一领导下，发射艇、测控系统和海空兵力，分别按计划进度完成了最后的准备。

然而，在 9 月至 10 月，“9185”试验中 3 发试验弹接连失利，失败的阴影笼罩着整个试验队。整个试验任务的失败，成为潜地导弹研制史上的一次重大挫折。原先想通过这次试验一举夺得定型的愿望未能按计划实现。

“9185”试验中遥测弹试验失败后自毁

这支顽强的试验团队久经磨难，从不言败，但是，在如此大的重创面前纷纷地洒下了痛心的泪水。男儿有泪不轻弹，只是未到伤心时。

陈德仁食不甘味，夜不能寐。他常常在深夜里突然坐起来，打开灯拿起他的笔记本开始计算起来。徐瑞芝看在眼里，疼在心上。她默默地操持好家务，尽可能地不让杂事或琐事影响到陈德仁。

分析、查找发射失利原因的工作紧张地进行着。国防科工委、海军、航天工业部、中国船舶工业总公司、电子工业部等有关单位召开了一系列故障分析会和专题研讨会。航天工业部还安排了复现试验任务中出现故障现象的模拟试验、弹上仪器力学环境承受力摸底试验、仪器舱振动试验、尾罩水下分离缩比试验等一系列试验。

通过深入分析，大家认为此次发射试验的失败，主要原因并不是产品质量问题，而是技术问题，存在对水下力学环境认识不够，对试验考虑不充分等多方面原因。教训是沉痛的，也是刻骨铭心的。

但是，此次试验并非一无所获。试验证明了核潜艇总体和弹道发射动力系统工作正常，并获得了比较完整的数据和资料，对于进一步研究导弹的水下力学环境具有重要价值。

在“9185”试验失利后的 3 年时间里，陈德仁与整个研制队伍开展了紧张的工作，以“卧薪尝胆”的态度，认真总结“9185”试验失利的教训，反复分析故障原因。由于水下发射的力学环境极为复杂，决定采取综合治理措施，并补做了必要的地面试验。1987 年 8 月至 10 月通过试验摸清了弹射试验的水下环境，从而为 1988 年第三次海上飞行试验（“9188”试验）做好了充分的准备。

1988 年 2 月，航天工业部召开了“9188”试验质量工作会，提出了确保试验成功的具体要求和措施。航天工业部二院也召开了“9188”试验设备齐套调度会，提出了“9188”试验是“背水一战”，各承制单位一定要按质量要求完成任务。

3 月 29 日，陈德仁被任命为固体潜地导弹（巨浪一号）和陆基机动导弹第一总设计师。这一任命，既是对陈德仁的技术水平和领军能力的肯定，也意味着陈德仁就此肩负起更重的责任。这是陈德仁人生的又一个重大关口。

5 月初，“9188”试验队在行政总指挥栾恩杰和总设计师陈德仁的带领下到达试验基地，开始了“9188”试验任务的各项准备工作。陈德仁被任命为首区指挥部试验总师，负责协调导弹、核潜艇和地面测控系统之间的技术问题和试验程序。

8 月，国务院总理李鹏专程到试验现场视察“9188”试验准备工作，国务院副秘书长李昌安、国防科工委主任丁衡高、航空航天工业部副部长刘纪原等陪同视察。视察前，李鹏总理接见了试验队领导栾恩杰、陈德仁等有关人员，并听取了陈德仁关于试验准备工作的汇报。

经过几个月紧张而艰苦的工作，发射试验准备就绪。发射试验前，首区隆重地召开了誓师大会。

发射试验那一日，晴空万里，海况良好。上午 9 时整，核潜艇离港。

在指挥舰上，作为首区指挥部试验总师的陈德仁表情平静地看着波光粼粼的海面，水下便是潜艇和蓄势待发的导弹。他的内心却并不平静，3 年前"9185"试验的影响还没有完全消除，他身上的担子很重、很重!

他知道，从"9185"试验到"9188"试验，研制人员和试验团队付出了多少努力和辛劳。今天，整个系统和程序，所有的细节、所有可能出现问题的地方都一处一处地、一遍一遍地排查了。这一切都等待着在即将到来的飞行试验中经受检验。

14 时整，导弹发射的命令下达了，潜艇巨大的躯体在强大反作用力的推动下猛地向下一沉，颤抖了几下，导弹脱离潜艇，从发射筒里呼啸而出，穿过海水，冲破海面，带着橘红色的尾焰，直刺云端，在湛蓝色的天空中渐渐远去，径直飞向太平洋预定海域。终于，在海上等候已久的远洋测量船"远望 1 号"和"远望 2 号"的雷达操作手同时向船队指挥所报告:“目标落水，落点准确！”

当“发射成功”的消息从千里之外的海上测量船传到潜艇上时，海面上所有的舰艇拉响了三分钟的报捷汽笛。观察舰的甲板上，水兵乐队奏响了庄严的国歌……

终于成功了!

陈德仁脸上露出了欣慰的笑容。

然而压力还在，还有一发试验弹的发射任务。众人很快从第一发试验弹发射成功的喜悦中走出来，迅速投入到第二次发射试验的紧张准备工作中。

第二次发射试验也以骄人的成绩获得成功。至此，核潜艇固体潜地导弹的发射试验圆满成功，为此型号定型创造了条件。

此次试验的成功，是陈德仁在“9185”试验连续3发失利的情况下，临危受命，承担了巨大压力所取得的。从“9185”试验的失利，到“9188”试验的圆满成功，我国的战略导弹和核威慑能力实现了质的跨越。为此，陈德仁付出

参加“巨浪一号”定型会议的代表合影（二排右五为陈德仁）

了艰苦的努力，作出了卓越的贡献。继“东风”系列液体战略导弹之后，在我国固体战略导弹研制的丰碑上，又一次铭刻了陈德仁的勋绩。

“巨浪一号”潜地导弹的研制成功，不仅填补了我国海军潜地核导弹武器装备的空白，壮大了我国核威慑力量，而且为我国战略导弹核武器固体化、小型化和水下机动发射技术的发展奠定了基础。

谈起潜艇水下发射“巨浪一号”潜地导弹试验的成功，陈德仁感慨地说：“我国固体潜地导弹是在一穷二白的基础上发展起来的，是几代科研人员智慧和心血的结晶，是无数人卧薪尝胆 20 余年努力的成果！”短短的话语，高度概括了固体潜地导弹研制团队的艰辛、忘我、攻坚、直至成功的历程。

在陈德仁的领导下，陆基机动导弹和固体潜地导弹顺利完成武器系统定型。

后续，陆基机动导弹投入批生产。根据订货合同，要进行批抽检飞行试验。陈德仁作为总设计师，受航空航天工业部的委托，负责试验现场的技术工作。陆基机动导弹批抽检飞行试验取得圆满成功，为产品的顺利交付和正式服役奠定了基础。

张爱萍在固体潜地导弹和陆基机动导弹研制成功后称赞道：“国防科技研究贵在独创，固体潜地导弹和陆基机动导弹堪称范例。”

“贵在独创”“堪称范例”，这是对固体潜地导弹和陆基机动导弹整个研制过程的最高评价和赞誉。在这个艰辛的“独创”过程中，整个研制团队发挥集体智慧，披荆斩棘地开出了一条前所未有的研制道路，树立了典范，建立了卓越的功勋。

7. 福将之说

有人说陈德仁是一员“福将”。

“福将”，往往是指运气好，每次战斗总能获胜的将领，也指做事顺遂、事事如意的人。但陈德仁“福将”之说却与“好运”没有什么关系。

陈德仁被称为“福将”，主要来源于两件事。

第一件是 1966 年 12 月“东风三号”导弹首次发射试验。那时正值“文革”初期，怀疑一切、打倒一切的狂潮冲击着七机部，陈德仁所在的 12 所正是风暴中心。当时他被集中批判，头顶种种“罪名”，背负着巨大的压力去参加试验。他作为控制系统主任设计师，如果试验失败，在“文化大革命”那种失去理智的氛围下，后果不堪设想。但那次试验很成功。于是他“功过相抵”，就此渡过一劫。

陈德仁在实验室观察三轴转台负载

第二件事是“巨浪一号”“9188”试验。在“巨浪一号”1985年连续三次发射试验都失利的情况下，陈德仁临危受命，接任了该型号总设计师职务。他充分发挥其精湛的技术水平和卓越的领导才干，带领研制团队攻坚克难，终于扭转困局，1988年“9188”试验两发全中，为“巨浪一号”型号定型作出了决定性的贡献。

陈德仁是福将，来源于他是一个非常认真的人。就拿看技术报告来说，每当陈德仁看设计师的技术报告时，总是看了又看，改了又改，甚至连标点符号都不放过，技术报告上往往留下许多铅笔标注。他还找来编写报告的设计师一起进行讨论，直到把问题弄清楚为止。和他一起共事的人都知道，他抠数据特别有名。

陈德仁是福将，来源于他是一个在技术上从不马虎的人。他对待工作非常细致，在技术上要求非常严格。在型号的研制中，每天晚上他要求每个系统都要向他汇报。子系统很多，每个方案都仔细问到、反复推敲，有时听到夜里2点，然后再作决策，非常累，但多少年他始终这样一丝不苟。他常常睡到半夜突然坐起来，把所思、所想记到本子上。在工作中，大家就怕他问技术问题，跟拷问差不多。

陈德仁是福将，来源于他非常重视质量工作，从源头抓起。他深知质量的重要性，对设计全过程

陈德仁在专心致志地看文件

进行质量控制。他大力支持质量管理人员的工作，对于他们编写的质量程序文件或质量分析报告，他会一字一句地修改。他还经常参加质量工作会，认真听取或审阅质量工作报告。固体潜地导弹和陆基机动导弹的研制成功，离不开他对质量的严格要求。

陈德仁是福将，来源于他是一个虚心向别人学习的人。他认为人贵有自知，学无止境。从事开创性的研制工作，必须努力学习，不懂就要想法搞懂，这样才能充实自己、把控全局。他从不以权威自居，特别厌恶不懂装懂。他以任何能者为师、不耻下问，并坚持交流互动、博采众长，从而积累了非常丰富的知识，同事们都非常佩服他。

陈德仁是福将，来源于他是一个在工作上善于协调的人。谈起1982年潜艇水下发射“巨浪一号”成功的经验，他说，第一就是团结协作，特别是“四共同”原则：有问题共同商量，有困难共同克服，有余量共同掌握，有风险共同承担。他认为这是取得成功的必由之路。他担任副总设计师时，带头贯彻实行“四共同”原则；担任总设计师后，继续推动“四共同”原则并发扬光大。

陈德仁是福将，还来源于他是一个淡泊名利、甘于寂寞的人。由于工作性质的原因，他的名字不能见报，文章不能公开发表，也不能出国交流访问。无

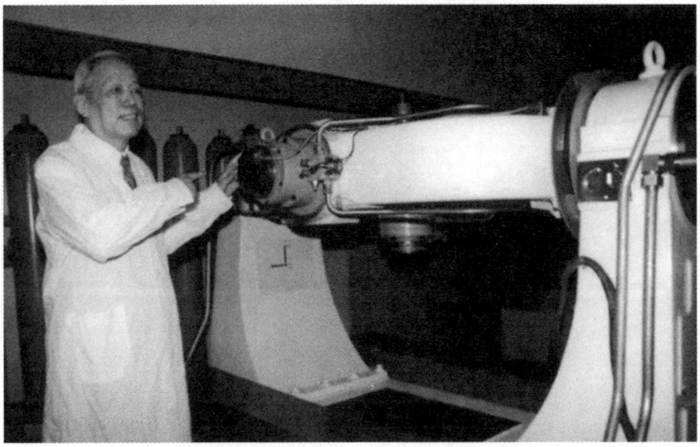

陈德仁在仿真实验室

名无利，但是他无怨无悔，乐在其中。也许正因为几十年守得住寂寞，心无旁骛，执着而专注，才能在困难的时候沉得下去、扛得起来，在需要的时候站得出来，在关键的时候冲得上去，厚积薄发，成为所谓的福将。

陈德仁

陈德仁院士传记

Academician Chen Deren's Biography

第七章

老骥伏枥

1992年，陈德仁退居二线。但他人退心不退，一直关心着航天事业的发展，一生致力于国防现代化建设。"烈士暮年，壮心不已"。

1. 著书立说

1992 年，陈德仁退居二线。高度的责任感和强烈的事业心使陈德仁把心思仍然放在航天事业上。

20 世纪 80 年代前期，我国向太平洋海域发射远程火箭、水下发射固体弹道导弹和发射地球静止轨道试验通信卫星等 3 项重要任务相继圆满完成，标志着中国航天事业的发展进入了新时期。面对更高的发展目标，以及航天技术干部平均年龄已达四十六七岁、许多技术专家年事已高、他们所掌握的理论和工程实践经验急需积累和传承的紧迫形势，航空航天工业部领导果断决定：在圆满完成繁重的型号研制任务的同时，将我国导弹与航天事业创建以来各种型号产品研制的成果进行科学总结，编撰成书。

航空航天工业部组织了《导弹与航天丛书》编辑工作委员会（下设办公室），刘纪原副部长亲自负责丛书的总体组织工作。以航天系统研究院为主成立了各系列编辑委员会。同时，各研究院成立丛书办公室，负责丛书编写的日常事务工作。承担具体分册写作任务的各单位都配备专人，协助主编开展工作。

《固体弹道导弹》系列（以下简称《固体》系列）是《导弹与航天丛书》的

退居二线后的陈德仁

陈德仁在办公室

五个系列之一，由二院负责编写。任务下达之后，二院成立了编辑委员会，邀请黄纬禄担任主任，陈德仁、王觉先、戴诗正、徐乃明、谈风奎担任副主任，其中，陈德仁是常务副主任，全面主持该系列的编撰工作。

接到邀请，陈德仁欣然应允，表示："这是好事，固体弹道导弹武器系统的研制经验应该加以总结，我责无旁贷，一定全力以赴。"他是这样说的，也是这样做的。

在长期的工程实践中，陈德仁早就认识到，必须重视经验总结，将研制经验上升到理论高度，并能够传承下去。

回顾以往，调入国防部五院之前，他对导弹一无所知。自从踏上航天征程，他带着一群充满激情的年轻人边学边干，一路摸索，从仿制"1059"导弹到自行研制"东风二号"导弹，从"东风三号"液体弹道导弹到固体弹道导弹，从"巨浪一号"潜地导弹到第一代陆基机动导弹，白手起家，从零起步，取得了举世瞩目的成就。既锻炼了队伍，又积累了丰富的经验。当年的年轻人都已成长为航天技术领域的专家，取得了累累硕果。

《固体》系列共有14分册，分别是《导弹总体设计与试验》《流体动力·弹道·载荷·环境》《控制·检测·可靠性》《遥测·安全·监控》《导弹结构·材料·强度（上）》《导弹结构·材料·强度（下）》《固体火箭发动机》《控制系统设计》《控制系统弹上设备与可靠性》《导弹测试发控系统》《液浮惯性器件》《推力矢量控制伺服系统》《地面设备设计与试验（上）》《地面设备设计与试验（下）》。

《固体》系列之所以单独成为一个系列，在《固体》系列前言中有如下描述："固体弹道导弹与液体弹道导弹虽同属弹道式导弹，但在技术上有许多重要差别，尤其是固体推进剂和固体发动机，与液体导弹的相应部分区别更为明显。因此，无论是导弹的总体设计、发射使用技术，还是随之而来的各个分系统的变化，都需要深入研究。特别是我国固体战略弹道导弹在发展初期选择了难度较大的潜艇水下发射和车载机动发射方式，这又增加了一系列必须专门研究的新因素。对固体弹道导弹武器系统研制过程中特有的这部分经验应该加以总结，形成一个独立的系列。"

编写《固体》系列的原因在于："由于固体弹道导弹具有多种优点，因而，世界各国把固体弹道导弹作为战略和战术弹道导弹的主要发展方向。我国固体战略弹道导弹的研制，从推进剂的探索研制到型号定型、批生产，前后经历了近 30 年的漫长过程。30 年来，在'一穷二白'的基础上，自力更生、艰苦创业，几代人为之作出了无私的奉献。30 年的努力，终于结出了丰硕的成果。陆上机动和潜艇水下发射两个型号的相继定型，为增强我国国防力量作出了突出的贡献，也为后续型号研制开辟了道路。30 年的历程，积累了丰富的实践经验，也培育、锻炼了一支成熟的高素质的专业队伍。本系列图书的编写，就是为了系统总结这一笔宝贵财富，使之'形诸文字，传之后世'。"

作为我国固体战略弹道导弹研制工作全程的亲历者和开拓者，于今投身到《固体》系列的编撰工作，陈德仁可谓是呕心沥血。几乎每一分册他都亲自主持编审工作。每次拿到一个分册的样书之后，他就逐章甚至逐字逐句地审阅，修改润色，每个公式他都要核对，连标点符号都不放过。对于有疑问的地方，他用铅笔标注出来，然后找作者来讨论。他力求行文准确，将那些容易走极端，修辞不太准确的词一一改正，比如在描述某方案起到的作用时，有些作者往往用“大大地”“极大地”等修饰语，陈德仁则改为“显著地”或是“一定程度上”，一方面更加书面化，另一方面则更严谨、更加实事求是。他这样的改动让大家都信服，没有异议。他是控制系统方面的专家，有些内容本来不是他的专长，然而他在担任总设计师时，为了更好地把握技术状态，对各分系统都仔细研究，因此对各分系统都有相当程度的了解，以至于他在审阅各分册书稿时，都能提出非常中肯的意见，让那些撰稿者无不由衷地叹服他精湛的技术水平和扎实的文字功底。

退休后的陈德仁身体不太好，但为了保证书的质量，他常常中午买个盒饭，吃完也不休息，继续审阅。有时看到半夜 12 点，一本书连续看一个月，看得肝部发疼。夫人徐瑞芝劝他早点休息，他说：“多看一点，那样的话，书就能早一点出版。”正因为他的严格要求和以身作则，各系统的编撰人都做到了细致、细致、再细致。

有一次，编辑委员会在无锡组织召开评审会，对丛书某一分册进行评审。由于时间比较充足，陈德仁抽空回了趟无锡老家。回老家之前，他特地向会务组请假，并给会务组留了一个电话号码，并告知可能要晚点才回来。然而由于会务组的疏忽，把他的电话号码记错了，因此一直没有联系上他，不知道他什么时候能回来。参加评审的人陆续报到之后，没看到陈德仁，都以为他没来，心里顿时都慌了。“陈老总怎么没来？”“他会不会来？”“他不来，这评审会还怎么开呀？”众人议论纷纷。陈德仁不在，大家心里都觉得不踏实，仿佛失去了主心骨。会务组一直没打通电话，也以为他晚上不会回来了。有人甚至提议说：“陈老总没来，评审会下次再开吧！他可是我们的主心骨，他不来，我们都不放心。”马上有人附和：“是啊，陈老总技术水平高，文字水平好，有他把关，绝对没问题。这次他没来，我们心里都没底。”很晚的时候，陈德仁终于赶回来了，大家悬着的心顿时放下，评审会也按期召开。

张爱萍（左四）和《固体潜地和陆基机动弹道导弹研制工作总结》编审委员会成员合影（左三为陈德仁）

《固体弹道导弹》系列编辑委员会合影留念（前排右五为陈德仁）

当《固体》系列完成之后，要写编撰工作总结报告，负责编辑工作的宋兆法认为，书已经写完了，总结报告可以略写，毕竟这一套书才是最重要的。可陈德仁并不这么认为，他坚持把总结报告改了又改，反复斟酌，直到满意才肯罢休。

这套《固体》系列被业内专家给予了很高的评价，誉为“红宝书”（封皮为红色）。许多相关专业的研究生、科研人员也把此书作为自己的必读书。

业内专家认为，《固体》系列第一次全面总结了我国科技工作者在固体弹道导弹研制实践中形成的理论、方法和工程经验，具有极高的参考价值，有助于固体弹道导弹研制设计从经验型走向规范化，同时，为后续研制者留下了宝贵的实践总结资料，为每一代成长中的航天科技人员提供了宝贵的营养，对于继承老一代航天科技工作者创造的成果，坚持走独立自主、勇于创新的道路，具有重要的指导作用。

2. 建言献策

退居二线后，陈德仁先后担任航天工业总公司科学技术委员会、航天科工集团公司科学技术委员会、航天二院科学技术委员会顾问和航天四院科学技术委员会高级顾问。在其他专业领域，陈德仁也应邀担任了顾问。

“顾问”，顾名思义就是不直接去做、去办。而陈德仁当顾问，身体力行、积极参与、建言献策、从不马虎，履行着顾问所应尽的职责，严谨认真的态度一直没有改变。虽年事已高，但他把顾问的工作当成继续在航天事业发挥作用的阵地。只要是对发展航天事业有益的事情，陈德仁从不推辞。

1991 年，陈德仁应邀担任中国计算机自动测量与控制技术协会（CACAMAC）第一届理事会顾问。计算机自动测量与控制技术（CAMAC）是一门计算机综合应用技术，是一种国际上公认的计算机自动测量与控制设备的通用标准接口技术，是一种先进的国际标准，它的出现使测控技术发生了根本变革。最早提出 CAMAC 系统标准规范的是欧洲核电子学标准化委员会（ESONE）。后来，国际电工委员会（IEC），美国电气与电子工程师协会（IEEE）和美国能源研究发展局的全国测量方法委员会（NIM）等国际组织相继承认了该标准，并出版了相应的标准文本。中国计算机自动测量与控制技术协会的宗旨是：在中国国民经济的各个领域中，积极推广和发展计算机自动测量与控制技术，推进 CAMAC 及其他总线标准应用的进程。

中国计算机自动测量与控制技术协会第一任理事长是刘纪原，同时担任顾问的还有黄纬禄、杨嘉墀和梁思礼。

其实早在 20 世纪 70 年代，陈德仁就开始关注 CAMAC，认为 CAMAC 能够缩短研制周期，节省经费，方便操作和维修，对提升系统可靠性具有重要作用，必将在航天领域广泛应用。他极力倡导采用 CAMAC 系统标准规范，并在测试设备上应用。果然，从 20 世纪 80 年代开始，我国科技工作者纷纷认识到 CAMAC 的重要作用，开始倡导采用 CAMAC 系统标准规范。从 1981 年 5 月至 1985 年 11 月，航空航天工业部在测试与控制领域内成套地等同采用了美国国家标准学会（ANSI）—《CAMAC 仪器和接口标准》（1982 年版），并于 1985 年发布了相应的航空航天工业部部标准。

实践证明，采用 CAMAC 系统标准规范是型号和其他测试设备通向模块化、通用化、系列化、标准化和自动化的重要途径。因此航天工业部决定在型号生产和其他测试设备中贯彻执行 CAMAC 系统标准规范。国防科工委也决定，把 CAMAC 系统标准规范作为国家军用标准在全军推广应用。很快，CAMAC 系统标准规范广泛应用在高能物理、航空航天、卫星高科技领域。随着 CAMAC 的推广，我国科技工作者设计研制出各种用途的 CAMAC 测试系统，从而使我国测控技术水平步入国际先进行列。由于采用了 CAMAC，缩短了研制周期，节约了经费，提高了系统可靠性，方便了操作和维修，具有资源共享，重复使用率高等优点，产生了很大的经济效益和社会效益。

陈德仁在担任中国计算机自动测量与控制技术协会顾问期间，履行顾问职责，提出了很多、很好的建议，比如应紧跟国外新技术和前沿技术的发展方向，积极采用国际标准和国外先进标准。此外，陈德仁还用超前的眼光，看到了新出现的 VXI 总线标准的优点，认为 VXI 总线标准将取代 CAMAC，在自动测试领域占主导地位。

VXI 总线标准是一种更为新型的总线标准，它是计算机技术和集成电路技术发展到一个新阶段的产物。VXI 总线标准是由美国 Hewlett-Packard 等 5 家公司开发建立的将 8 位微机性能提高到 16 位和 32 位的新的总线标准，这是一种插卡式仪器的结构，是一种在世界范围内完全开放的模块化仪器总线系统，集 HP-IB 和 VME 总线精华于一身，吸取了 VME 计算机总线高速通信和 HP-IB 仪器易于组合的优点，集中了智能仪器、个人仪器和自动测试仪器的很多特长，具有小型便携、高速数据传输、模块化结构、组建系统灵活方便、易于充分发挥计算机效能和标准化程度高等优点，比 CAMAC 更具优势。

正是看到了 VXI 总线标准的优点，陈德仁大力倡导采用 VXI 总线标准，建议构建大型测试系统和新的测试系统时应优先考虑 VXI 总线技术。实践表明，他的看法和建议都在后来的应用中得到了验证。

陈德仁还应邀担任国务院发展研究中心国际技术经济研究所顾问。他在第五届学术年会上为全所研究人员讲解国际和国内发展卫星的情况，让大家清晰地了解了当时国际和国内卫星技术水平，以及其中的经济效益。陈德仁内心一直有一个遗憾，那就是没能参加将卫星送上天的工作。陈德仁与卫星

陈德仁（前排左十二）参加四院第四次工作会议

结缘于1958年，那一年他在研究室里主持过“十一”卫星上天的跃进会。后来，他被调到17所从事固体弹道导弹研制工作，从此与研制卫星失之交臂。退居二线后，他潜心研究卫星技术，对国际和国内卫星技术进行了深入研究，并应邀担任了中国资源卫星应用中心顾问，1997年赴美国参加中国资源卫星应用中心引进设备的设计评审，对引用设备的技术指标进行严格把关。2003年7月，他还应邀参加了在北京香山饭店召开的中巴地球资源卫星用户大会。

2001年，陈德仁应邀担任战略导弹标准化技术委员会委员，参与了战略导弹系列标准的评审工作。战略导弹的顺利研制成功，是研制和使用单位双方共同努力、密切协同、互相配合的结果。其中，战略导弹标准化工作在型号研制过程起到了重要的保障和促进作用，对型号研制成功作出了重要贡献。

为了更好地做好战略导弹标准化工作，国防科工委于2001年3月成立了战略导弹标准化技术委员会，由刘宝镛院士担任主任委员。在陈德仁等委员的共同努力下，战略导弹标准化技术委员会制定了一系列标准，基本建成了我国战略导弹标准体系，提高了战略导弹标准化管理水平，确定了一套行之有效的标准实施的监督方法，为规范战略导弹研制设计工作打下了基础。

尽管已经不在一线岗位，陈德仁仍然非常关心固体战略导弹的后续发展，特别是某固体系列型号的发展，他对那条型号线感情极深。李跃（现任中国航天科工集团公司总经理）担任航天科工四院（2002 年由二院四部、17 所和南京晨光厂等单位组成）院长后，考虑到四院成立不久，人才比较匮乏，技术基础相对薄弱，于是在 2003 年组建了一个顾问团队，邀请黄纬禄、陈德仁等院士或航天领域其他知名老专家担任高级顾问。陈德仁欣然接受了邀请，每年都参加工作例会，听取四院关于各项工作的汇报。他在例会上必定发言，提出中肯的意见或建议，但从来不做最后的总结发言。

李跃等院领导对陈德仁非常尊重，经常到家里拜访或打电话，汇报某固体系列型号工作进展等。在与他的每次近距离接触中，四院领导都能深切感受到他对固体型号发展的密切关注，对该固体系列型号的深厚情感。2005 年以后，陈

李跃（右一）、黄纬禄（左二）和陈德仁（左一）等研讨某型号工作

德仁的身体情况一直不太好，不再去参加例会，但是却经常打电话询问某固体系列型号的发展情况。

“一年之计，莫如树谷；十年之计，莫如树木；终身之计，莫如树人。”陈德仁一直坚信，人才就是未来。除了关心固体型号发展外，他还提醒四院领导，一定要重视人才，尤其是专家人才和领军人物，他建议四院实行人才战略，优秀科技人才不要都走行政路线，政策要适当向技术线倾斜。四院领导经过专门研究后采纳了他的建议，开始在全院范围内实行总师年薪制，政策导向就是培养专家人才和领军人物。

2005年，某重要型号失利，陈德仁得知情况后，专门给四院领导打电话，以自身的经历和经验勉励他们：“失败是成功之母，遇到困难不要怕，要有信心。”他的一番勉励给四院领导很大信心。四院领导向该型号线转达了陈德仁的勉励，整个型号线的科研人员深受鼓舞。不久，失利原因找到，归零措施有效，后续试验获得圆满成功。

当顾问期间，陈德仁躺在病床上还坚持审阅论文或报告，一字一句地看，家里人深知劝他休息也没有用，看在眼里，疼在心上。在二院、四部、17所的学位评定工作中，他亲自为多名硕士、博士研究生指导论文，为人才培养不遗余力。

陈德仁（中）主持二部九五级博士研究生论文答辩（右一为黄培康院士）

3. 当选院士

1960 年，国际宇航科学院（International Academy of Astronautics，简称 IAA）成立于瑞典首都斯德哥尔摩，由国际宇航联合会（International Astronautical Federation，简称 IAF）创建。国际宇航联合会是宇航界非政府性的国际学术组织。它由西德、法国和英国宇航学会发起，于 1950 年 9 月在法国巴黎成立。参加成立会的还有阿根廷、奥地利、丹麦、西班牙和瑞典的学会代表。国际宇航联合会的宗旨主要是通过科学技术的交流，鼓励对空间技术和外层空间的研究和合作，促进宇航事业及和平利用外层空间活动的发展。国际宇航联合会在国际学术界非常有影响力，并被联合国和平利用外层空间委员会聘为技术咨询机构。国际宇航科学院自成立以来，在历任主席的领导下，在和平开发外太空、拓展航天科学研究及国际合作等方面创造了辉煌的成就。

国际宇航科学院实行院士制，院士由选举产生，凡在宇航科技领域作出杰出贡献的人都有资格当选为院士。院士分为三个等级，荣誉院士为最高一级，其次是院士，再次是通讯院士，分别参加四个科学分部，即基础科学、工程科学、生命科学和社会科学。

1987 年 7 月，在英国布莱顿召开的主题为“30 年的空间进展”的第 38 届国际宇航联大会上，陈德仁当选国际宇航科学院院士，同时当选的还有谢光选和王希季。中国宇航学会理事长任新民（“两弹一星”元勋，“中国航天四老”之一，导弹总体和液体发动机技术专家，中国导弹与航天技术的重要开拓者之一，中国航天事业五十年最高荣誉奖获得者，中国科学院院士，国际宇航科学院院士）写来贺信，对陈德仁当选表示祝贺，二院也为陈德仁举行了庆祝仪式，并预祝他为我国和世界的航天事业作出更大的贡献。

截至 1987 年，我国当选国际宇航科学院院士的科学家共有 21 人，分别是任新民、陆元九、蔡金涛、杨南生、陈芳允、王大珩、屠守锷、梁思礼、王树声、屠善澄、陈信、孙家栋、庄逢甘、梁守槃、杨嘉墀、曹鹤荪、吕保维、黄纬禄、谢光选、王希季、陈德仁。

成立于 1994 年的中国工程院是中国工程技术界的最高荣誉性、咨询性学术机构，负有指导中国科学技术事业发展和培训、激励优秀工程科技人才的重要使命，而中国工程院院士则是我国工程技术界最高学术称号，为终身荣誉。

1994 年 4 月，中国工程院 1994 ~ 1995 年度院士遴选工作开始了。10 月初，中国航天工业总公司发文，布置航天系统各单位根据中国工程院的要

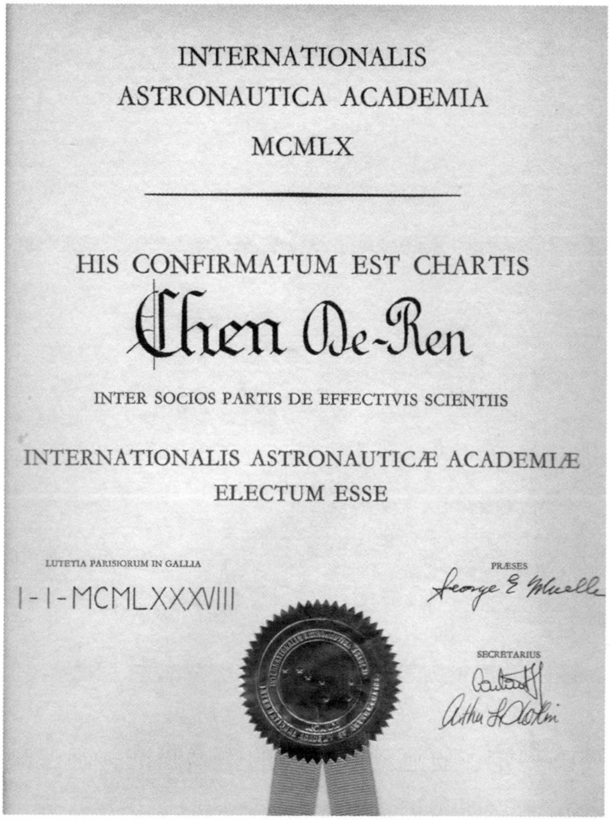

国际宇航科学院院士证书

求，开展提名和遴选中国工程院院士的工作。

11 月，二院向中国工程院提名陈德仁为中国工程院院士候选人时，在提名书中详细列举了陈德仁从事科研工作 50 年来所取得的主要成绩：

陈德仁从 1957 年起就从事液体与固体、地地与潜地弹道导弹的研制，为我国国防现代化建设作出了突出贡献。60 年代初，他主持并参与我国第一个自行设计的中近程弹道导弹控制系统的设计，通过无源校正网络设计和迴路参数优化，解决了高柔性弹体的姿态稳定问题，并开发出应用坐标转换原理的横向惯性制导方案，取代了实践中受到诸多限制的无线电横偏校正方案。在中程导弹“东风三号”上创造性地研制出能对各种干扰和偏差实现补偿的纵向捷联补偿制导方案，提出并巧妙地实现三盘陀螺积分仪方案。这些技术思想的应用，填补了我国第一代战略导弹武器装备制导方案研究的一段历史空白。

20 世纪 60 年代末，他奉调从事我国第一个采用固体推进剂并从潜艇水下发射的中程弹道导弹的研制工作，先后突破了一批新技术，解决了导弹出水时

中国工程院院士证书

的大姿态稳定、艇运动状态下的精确瞄准、确保潜艇安全和导弹可靠发射的一级发动机点火方案等重大设计问题。

陈德仁还参与了我国第一个陆基机动固体中程导弹的研制。在潜地、陆基两个型号中先后担任了副总设计师、总设计师，使这两个型号顺利定型。固体潜艇水下发射项目 1985 年获国家科学技术进步奖特等奖，他排名第二。

答辩时，陆元九（自动控制和惯性导航技术专家，中国科学院院士，中国工程院院士，国际宇航科学院院士，第三届全国人大代表，第五、六、七届全国政协委员）曾经问："你和黄纬禄申报院士时都报了补偿方案，你到底作了哪些贡献？"陈德仁回答："黄老总是抓总的，我是干具体事的。"短短的一句话，陈德仁云淡风轻，把自己所作出的巨大贡

陈德仁（正面左四）参加工作交流会

献一带而过，令人叹服。

1995 年 5 月，中国工程院召开第二次院士大会，会上院士入选名单揭晓，陈德仁高票当选信息与电子工程学部院士。消息传来，大家纷纷向他表示祝贺。从此，一直默默奉献的陈德仁实至名归地获得了我国工程技术领域的最高荣誉。

4. 普通专家

陈德仁当选院士后，一切如常，并未因其特殊的学术身份搞过特殊化待遇。此前，按照退休制度，他于 1992 年 1 月正式退休。1995 年当选院士后，按照政策规定，他重新回到了工作岗位。他对自己的要求更加严格，每天总是早上 6 点左右就起床，打打太极拳，然后骑着自行车早早来到办公室，一天 8 小时满负荷运转，还经常应邀外出参加各种学术活动，往往就是一整天。如果白天手头没有工作，他就尽情地看书。即便是工作了一天，临睡前，他也还要看点什么，形成了习惯。家里，床头全是书籍或报刊。他说："记不住也要看看，这是打扫脑子。"

陈德仁和往常一样，从来不摆专家架子，总是以普通人自居。他一直认为：

陈德仁在某次学术交流会上发言

自己虽然当选工程院院士，这只是对他学术水平和所作贡献的认可，并不代表他是绝对的权威。科学技术没有绝对的权威，即便是科学泰斗钱学森，也从来不以学术权威自居。院士也不可能无所不知，无所不能，总有没有涉及到的领域。

在学术方面，他往往会直率地提出问题和进行讨论，如果对某个问题没听懂就直接提出来，绝不会不懂装懂。对于弄不懂的问题，他总是说回去学习一下再来讨论。当再和大家讨论时，他已经对该问题研究得非常透彻了，凭借自己雄厚的技术基础和工程经验，提出独到的见解，让大家叹服。他总是说：跨专业不要轻易表态，一定要听听这个专业主任设计师的意见。

陈德仁一生转战了好几个行业。本来是学电信的，进入航天系统后，开始从事导弹控制系统设计

陈德仁在某次评审会上发言

工作，逐步成长为导弹控制系统专家。后来担任固体潜地导弹和陆基机动导弹副总设计师，由分系统设计转入总体设计，1988 年接替黄纬禄，担负起了总设计师的重任。以前没有总体设计经验的他先当学生，用实事求是和虚心好学的态度严格要求自己，很快就从总体设计的门外汉成为了内行、专家。

陈德仁参加学术会议从来不以专家自居，不做最后讲话，但他在会上必然会发表自己的意见或建议，他的意见往往非常中肯，富有建设性或启发性。参加会议后会务组发放的物品，他总是提醒航天二院科技委秘书，把他的那份退还给会务组。有时候，科技委秘书将会议纪念品领回来转交给他，他却告诉秘书："这些东西我并不需要，各单位的会议经费也很紧张，请帮我退回去。"后来，科技委秘书都知道他坚决不收，也就不再为他领取了。

陈德仁非常节俭，他想方设法为单位节省资金，出差总要选择省钱的最佳路线。1996 年，74 岁的他去四川某地开会，他是院士，可以乘坐飞机，但他认为飞机票太贵，加上时间比较宽裕，坚持和大家一起乘车前往。

5. 绝妙搭档

在陈德仁的一生中，有两位绝妙的搭档。一位是黄纬禄，他们相识于1947年。

1943年，黄纬禄被资源委员会中央无线电器材厂重庆分厂派往英国实习，后在伦敦大学帝国学院攻读硕士学位，获电机工程硕士学位。1947年，从英国留学归来的黄纬禄进入中央无线电器材公司研究所工作，与陈德仁在同一个设计组，并担任该组组长。

解放后，中央无线电器材公司研究所改称上海电器工业研究所，随后迁到北京，组建为军委通信部电信技术研究所。黄纬禄担任保密通信研究室主任，陈德仁则是保密通信研究室的一员，继续在同一团队工作，共同解决了测速仪、频率仪、便携式保密机、复式保密机的试制及生产问题。

1957年，两人一同投身航天，进入国防部五院二分院第一设计部。黄纬禄先后担任地地导弹控制系统研究室主任、12所副所长、所长。陈德仁则先后担任地地导弹控制系统研究室工程组组长、理论研究室副主任、系统理论研究室主任、12所副所长。两人一直共事，直到1968年陈德仁调往固体控制设备所。

1979年，"巨浪"型号的总体设计部（四部）和固体控制设备所（17所）划归二院。17所从此归属

陈德仁（前排右一）和黄纬禄（前排右二）在一起

陈德仁（左一）和黄纬禄（右二）一起出席某次学术交流会

二院，由二院全面负责固体潜地导弹和陆基机动导弹的技术抓总与协调等工作。黄纬禄被任命为总设计师，陈德仁被任命为副总设计师，两人又在一起搭档。1988 年，陈德仁接替黄纬禄，担负起了总设计师的重任。

命运是一双神奇的手，将这两位战略导弹奠基人的一生都紧紧联系在一起，成为一辈子的战友。多年的共事，两人早已形成了一种无形的默契，配合无间。在做出决策之前，黄纬禄经常与陈德仁一起讨论，陈德仁在工作中，则认真贯彻落实黄纬禄的决策。

陈德仁（右）和黄纬禄（左）在一起

在型号团队中，大家都认为黄纬禄和陈德仁是绝妙搭档，形成互补。黄纬禄非常全面，考虑问题周到细致，敢于决策，敢于负责，陈德仁则长于具体实施，非常重视细节，对技术问题钻得很深，一丝不苟地贯彻落实各项决策。

陈德仁在工作上任劳任怨是出名的。在基地做试验时，他总是全程在场，往往一待就是几个月。黄纬禄身体不太好，不在现场时，陈德仁总是分担总设计师的职责，全权处理试验现场的各项工作。

另一位绝佳搭档就是梁思礼，他们有着生死之交的经历。梁思礼常说："我和陈德仁是老同志、老伙伴、好朋友。"

1953 年，电信技术研究所成立时，两人一起在研究所工作，从此相互认识了。起初，陈德仁并不知道梁思礼是著名思想家梁启超先生最小的儿子，

长征四号乙（CZ－4B）运载火箭发射风云一号、实践五号卫星纪念封（黄纬禄和陈德仁共同签名）

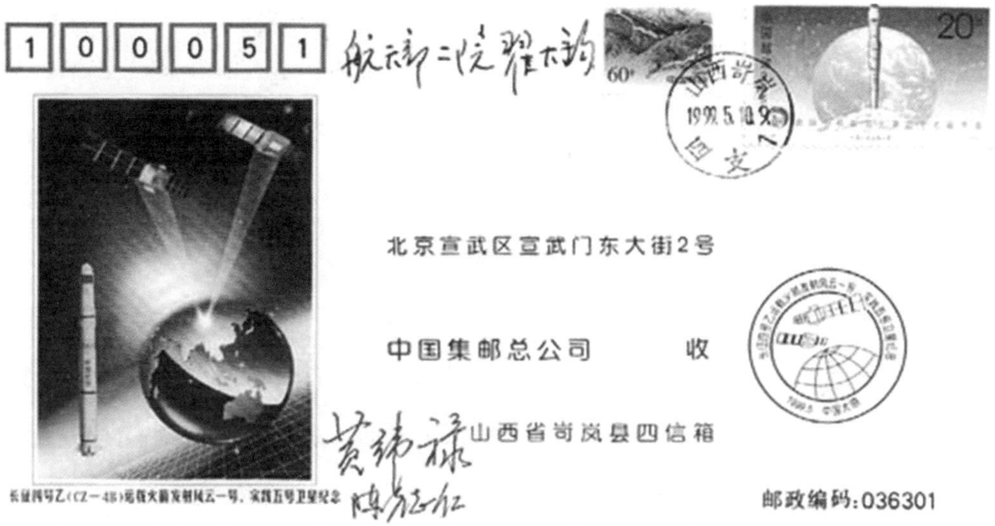

12所航天控制技术发展方向研讨会与会专家合影（前排右四为陈德仁，右五为梁思礼）

后来听说之后，很有感慨地告诉梁思礼：他非常景仰梁启超，尤其喜欢梁启超那篇著名的《少年中国说》。

“且我中国畴昔，岂尝有国家哉？不过有朝廷耳！我黄帝子孙，聚族而居，立于地球之上者既数千年，而问其国之为何名，则无有也。”

“少年智则国智，少年富则国富；少年强则国强，少年独立则国独立；少年自由则国自由，少年进步则国进步；少年胜于欧洲，则国胜于欧洲；少年雄于地球，则国雄于地球。”

陈德仁随口将《少年中国说》的精彩内容背了出来。他告诉梁思礼，这篇文章一直激励着他为了祖国的强大而不断奋斗。梁思礼听了之后非常高兴。

后来，陈德仁和梁思礼又一同调入国防部五院二分院第一设计部。1962 年，“东风二号”导弹首次发射时，两人还一同经历了一段惊心动魄的历程，导弹发射失利，在他们不远处爆炸，如果稍近一点，两人可能就当场牺牲了，可以说是生死之交。两人回忆起这段往事时开玩笑地说：我们两人不是同年同月同日生，却险些同年同月同日死。在梁思礼看来，陈德仁忠厚谦和，待人友善，人缘很好，工作细致严谨，原则性强，在技术问题上造诣很深。陈德仁除了对梁启超的钦佩外，对梁思礼坦诚、乐观、率真的人格魅力以及精湛的学术水平也是一样的钦佩。

在晚年，梁思礼和陈德仁，一位是中国科学院院士，一位是中国工程院院士，两人经常一同被邀请参加各种学术会议。在会上，讨论问题时，两人配合默契，具体细节往往由陈德仁敲定，梁思礼则做最后总结发言。由于两人年龄相仿（梁思礼出生于1924年，比陈德仁小两岁），很多经历是共同的，或是相像的，两人又多年一起共事，很多看法都一致或是非常相似，可以称得上是绝妙的搭档和一生的挚友。

6.奥运安保

2001年7月13日，北京成功申办第29届奥林匹克运动会。北京奥申委向世界庄严承诺："北京警方将尽一切努力保证奥运会安全举办，并为奥运会的所有参赛者提供与安全问题相关的优质服务，以一流的社会治安秩序和严密细致的安保措施，保障北京奥运会开幕之前及举办期间的社会安全。"

自1972年"慕尼黑惨案"以来，恐怖主义便成为了奥运会挥之不去的阴影，"反恐"也成为体育之外的另一个战场。面对越来越紧张的奥运安全形势，历届奥运会东道国的安保资金投入力度呈明显上升趋势。2001年"9·11"事件后，"反恐"更被列为奥运会的首要问题。2004年雅典奥运会，希腊在安保方面的投入达到了史无前例的11亿美元，在天空、陆地、海洋实行了全方位的立体防卫。

作为参赛国家和运动员最多的一届奥运会，2008年北京奥运会面临各种恐怖威胁，安保任务更为艰巨。美国中情局（FBI）局长罗伯特·穆勒认为："北京运动场馆分布广，对于防止恐怖袭击是个不小的难题。"国际刑警组织秘书长罗纳德·诺布尔警告说："北京奥运会遭恐怖和生化病毒袭击的可能性很大。"

北京奥运会的安保应该怎么做，谁心里也没底。面对这块诱人的安保大"蛋糕"，各地大大小小的安保公司均铆足了劲儿，展开或明或暗的竞争。国外的相关企业也闻风而来，美国、以色列、英国、法国、俄罗斯、澳大利亚和希腊等国家都提出要给中国提供“反恐”支持。相比较而言，西方国家在比赛场馆与运动员驻地防范、情报获取、风险评估等方面都有较为丰富的经验，值得中国借鉴，但是价格极为昂贵，而且在技术上完全依赖国外，难免会给国家安全带来隐患。

2005 年 3 月，在中国航天科工集团公司奥运领导小组的领导下，科技奥运工程中心成立。该中心以长峰科技工业集团有限公司为牵头组建单位和技术依托，联合航天二院、三院、航天信息、061 基地、066 基地等相关单位的技术队伍，集中力量为奥运安保排忧解难。

时任法国总统雅克·希拉克在访华时向中国政府表达了参与奥运安保项目的愿望。国防科工委系统一司司长张伟第一时间将这些信息通知一直积极承揽安保项目的二院副院长兼长峰科技工业集团有限公司总经理全春来，引起了他的高度关注。

钟山院士（制导系统工程专家，中国工程院院士，国际宇航科学院通讯院士，曾担任五个重点型号的总设计师，后任奥运场馆安保科技、指挥控制系统设计项目总设计师，全国五一劳动奖章获得者，两次获得国家科学技术进步奖特等奖）一直关注奥运安保问题。听全春来副院长说法国人想插手奥运安保项目后，钟山立刻表示：“让外国人插手中国安保，后患无穷！”

经过反复思考后，钟山第一时间来到陈德仁的办公室，向他介绍了相应的情况。认真听完钟山的介绍，陈德仁非常赞同他的观点，并坚定地表示支持他。他们一致认为，奥运安保工程的核心是指挥和通信系统，要与公安、武警、边防等核心网络连接才能发挥作用，关系到国家的长治久安，必须由中国人来承建。而中国航天科工集团公司掌握的航天技术，覆盖了发动机、材料、结构、制导、导航、伺服、遥控、通信、传感、计算机等多个领域。尤其在经过近 50 年的研制应用后，中国航天科工集团公司在指挥、信息安全与信息集成等方面，对计算机网络真假识别、防黑客攻击、窃密等都有很好的应对措施。此外，“两弹一星”精神和载人航天精神，一直是航天人的优良传统和攻坚克难的法宝。这就意味着，中国航天科工集团公司已经具备了承建奥运安保系统的优越条件。

陈德仁建议应集合二院所有院士的力量，群策群力，这样才有可能争取到承建奥运安保系统的任务。钟山对此表示赞同。

于是钟山和陈德仁一起去找黄纬禄、陈敬熊、于本水（防空导弹专家，中国工程院院士，现任中国航天科工集团公司科技委顾问）和李伯虎（计算机仿

为中国航天科工集团争取创建奥运安保科技系统的6位院士（上排钟山，下排左起：于本水、陈德仁、黄纬禄、陈敬熊、李伯虎）

真和集成制造系统专家，中国工程院院士，曾担任 863 计划自动化领域专家委员会委员，863 计划 CIMS 专家组组长）4 位院士商议。

6 位院士很快达成一致意见。他们认为，安全保卫工作的基石首先是其自身的信息安全，这一基石所包括的奥运场馆的安防系统中信息安全的建设与现有的公安信息系统息息相关，不仅涉及奥运会期间，而且涉及到奥运会后公安系统的安全。凡属场馆与公安局指挥控制系统相连接进行信息交换和共享部分的技术方案、体系结构、信息格式与接口等的设计和实施均属涉密的范畴。如果这些信息被敌对或恶意方获取，都有可能造成泄密和不安全的隐患。因此，奥运安保决不能让外国人插手。

2005 年 11 月 15 日，在钟山的提议下，6 位院士联名给时任奥组委主席的北京市委书记刘淇写了一封建议书，强调奥运的综合安防和信息安全的重要性。这封建议书引起了国家领导人和奥组委的高度重视。

在这封题为《关于 2008 年奥运场馆弱电系统建设中确保国家安全等有关问题的建议》的建议书中，6 位院士提议："奥运安全关系到国土安全，奥运场馆建设的安全是奥运安全的重要组成部分。场馆的弱电系统建设中涉及到与北京市公安局指挥控制系统相连接进行信息交换和共享部分的，应当由具有

陈德仁（右二）与陈敬熊（右一）在图书馆查阅资料

保密资质的中方承建单位在北京市公安局指导、监督下完成技术方案的设计和实施。与信息安全有关的设施、设备和软件应采用通过公安部、安全部门认证的国内厂商产品。除采用奥运会赞助产品外，如国内产品能够满足要求，不应采用国外产品。”

在建议书中，6位院士还特别强调：“目前公安系统信息化程度高，相应地受到干扰、信息泄密和受到破坏的可能性也增大。鉴于公安系统计算机及网络系统中许多基础或支撑技术与产品由国外提供，信息安全工程的建设如由国外厂商承担，其体系结构、信息格式、接口协议外方将完全掌握，将会造成严重安全隐患。”

“大局当前，面对日益增强的国家实力和国防实力，我们相信中国人有能力保护自己。更重要的是，奥运安保项目作为一项应用范围极广的重大项目，对国家今后科技发展具有重要指导作用。因此，中国人自己享有知识产权意义重大。”

针对这封建议书，刘淇书记作出了重要批示。北京市公安局派人到二院，专门邀请6位院士进行座谈。在座谈会上，6位院士把武器系统的 C^4IRS 系统

（指挥、控制、通信、计算机、情报、侦察、监视）和中国航天科工集团公司的实力，深入浅出地讲解了一遍。

不久，陈德仁欣慰地获知，他们联名写的建议书一直上报至中央，引起国家领导人的热切关注，并责令公安系统高度重视。这封建议书同时也奠定了“奥运安保核心技术一定要掌握在我们自己手中”这一理念的核心地位。

2006 年 3 月 16 日深夜，中国航天科工集团公司领导通报了一个好消息——在第 29 届奥运会安全保卫工作协调小组办公室和北京市人民政府“2008”工程建设指挥部办公室共同组织的奥运场馆安保科技系统设计招标中，二院、七院等单位代表中国航天科工集团公司参加投标并最终胜出。

3 月 22 日，奥组委安保部门向中国航天科工集团公司下达“第 29 届奥运会场馆安保科技系统设计委托书”。中国航天科工集团公司为奥运场馆的有关安保科技系统进行统一的设计，设计内容包括奥运安保指挥系统、奥运场馆周界和区域技防及监控系统（门禁、报警、巡更、周界报警等）、视频监控系统、公安专用信息系统、安检系统、通信与网络系统等 6 大系统的分系统设计和集成设计，场馆范围包括竞赛场馆 94 个，周界设施 58 个。

4 月 19 日，国防科工委与北京市公安局联合召

陈德仁（右）在参加中国科协第六次全国代表大会时与钟山（左）合影

开了《北京市公安指挥系统总体方案》评审会，审议通过了总体方案。

喜讯传来，陈德仁感到非常欣慰。后续他还经常关心和支持奥运会场馆安保科技系统的设计情况。遗憾的是，他却没有等到北京奥运会召开的那一天，没有看到北京奥运会举世瞩目的盛况，也没有听到国际奥委会主席雅克·罗格那句“These were truly exceptional Games! ”（这是一届真正的无与伦比的奥运会！）的赞誉。

陈德仁

陈德仁院士传记

Academician Chen Deren's Biography

第八章

精神风范

真诚而不做作、善良而不虚伪、宽容而不狭隘、认真而不虚浮、自律而不自私、奉献而不索取，这就是陈德仁平实而又高尚的精神风范。

1. 清白做人

“粉身碎骨浑不怕，要留清白在人间。”这是明朝大臣于谦为人的真实写照。陈德仁一直将这两句诗作为座右铭。

1966 年，正当七机部制定的 1965 年到 1972 年的包括中近程导弹、中程导弹、中远程导弹和洲际导弹的“八年四弹”研制规划如火如荼开展的时候，一场史无前例的“文革”开始了。

陈德仁所在的 12 所，某研究室在东工业区率先贴出了二院地区的第一张大字报——《向七机部内修正主义黑线开火》，从此，各种观点的大字报相继铺天盖地而来。随后，大多数领导干部遭到批斗，被戴高帽子、手拿一把稻草（称“捞稻草派”）或者身背一把算盘（称“秋后算账派”）游街。12 所成了“重灾区”。

陈德仁眼看着周围的邻居，特别是老领导，一个接一个被冲击、抄家和批斗。如黄纬禄被戴上资产阶级反动学术权威的帽子，被夺权靠边站了，“史无前例”的政治运动强烈地袭来，“造反有理”“打倒资产阶级当权派”“横扫一切牛鬼蛇神”“破四旧”（旧思想、旧文化、旧风俗、旧习惯）的行动颠覆着整个社会生活的方方面面。陈德仁也感受到巨大的压力和危机，于是把家里那些与所谓“四旧”沾边的东西，比如外国古典音乐的唱片，全部销毁或是上缴所里。

值得庆幸的是，陈德仁平日里醉心于钻研技术，工作在第一线，甘挑重担、任劳任怨、认真负责，而且为人正派、待人真诚、从不拿架子、对领导尊重、对同事或下级和蔼可亲，群众基础很好，在“文革”中，他受到的冲击并不大，没有遭到揪斗，还算是幸运的。

除了1966年运动之初，在整个“文革”中，遮天蔽日的大字报中有关他的并没有多少。有一张大字报批判他不关心政治运动，只信奉“清清白白做人，勤勤恳恳做事”，然而这句批判的话却让他相当受用。因为这句话正是他做人做事的真实写照。

“文革”中，12所是“重灾区”。即便在武斗最激烈的时候时，陈德仁仍然坚持上班，总是想方设法绕开武斗现场，到办公室，结果常常是待了几个小时后回到家中，叹口气说：“今天一个人都没来上班，我等到这会儿，不会有人来了。”语气中流露出心中的担忧和无奈。

当陈德仁得知一起工作多年的同事被打倒，甚至有人死于非命时，心中非常震惊和痛惜。那些都是技术水平极高、为我国导弹事业作出了巨大贡献的专家啊！他们的不幸遭遇是导弹事业的损失、国家的损失。

此时，陈德仁的心情无比纠结和复杂。一方面，他不知道莫须有的罪名和挨整被批的厄运何时会降临到自己身上，另一方面，他深深为国家航天事业感到惋惜。

1968年，陈德仁听说要新成立固体控制设备所，于是主动申请去那里工作。他没有提任何要求，只希望能避开“重灾区”，安心从事科研工作。终于，他被调到了新组建的固体控制设备所，主抓技术工作。尽管条件艰苦、任务艰巨，且要从零开始，但他无怨无悔，反而因为有工作可做而感到解脱和振奋！他甚至主动将在12所分的房子也交还单位，举家搬到木樨地，和另一家人挤住在一套三居室里。

1969年的一天晚上，陈德仁对儿子陈明宣意味深长地说："你看看月亮，和以前不一样了，人类已经登上月球了，是美国人。"鉴于当时的历史原因，人类科学技术的这一伟大成就在中国并没有广泛报道。政治动乱带来的损失和滞后却是每一个有志于中国航天事业的人心中的痛。在他那听似平静的语气后面，涌动着对"文革"动乱的痛心和惋惜，以及对我国科技发展和导弹事业发展的焦急和期盼。

2. 大爱之心

人要是有了一颗善良的心，对待他人就都会充满友善和真诚。有了真和善，眼中的世界就会是那么的美好。陈德仁就有一颗善良的心、大爱之心。他一直认为，办事要讲认真，待人则一定要宽容。他是这样想的，也是这样做的。

对待领导、同事、下属、朋友以及其他人，他与人为善；对待名利，则于己不争。他曾书写过"有容乃大，无欲则刚"的条幅来时刻提醒自己，并且究其一生实践着这一信条。在各种荣誉和利益面前，淡泊容让；在工作出现问题时，主动承担责任；在压力和困难面前，坚韧顽强，不折不挠；在遭到误解和委屈时，总能顾全大局，泰然处之。

1960年年初，国家抽调大批大学、中专毕业生到国防部五院工作，陈德仁所在的理论研究室也分配了一些毕业生。作为室主任的陈德仁上午接见了这些毕业生之后，下午在全室的欢迎会上，他已经不用看名单就能一一对应把新同事介绍给全室人员。以后室里来了新同事，都是如此。大家对他过目不忘的记忆力钦佩不已。不管是干部还是工人，是领导还是下级，他尊重和关心每一位同事，因此他也赢得了大家发自内心的尊重。

与陈德仁一起共事的韩金堆（17 所导弹控制系统专家）回忆，刚参加工作时，正值年轻，粮油肉凭票供应，粮食每人每月只有 30 斤左右。陈德仁听到有人说“韩金堆个子高、块头大，常常吃不饱”之后，就给了韩金堆一些粮票，还说：我家里粮食不太紧张，你只管拿着。韩金堆后来才知道，陈德仁一家三口，儿子那时才十多岁，粮食定量只是成人的几分之一，还要供养亲属的三个孩子，家中供应也很紧张。

陈德仁诚恳待人，他的脾气、性格和工作态度在总设计师系统有口皆碑。他一直认为：每个人都有长处，必须善于学习别人的长处。工作中遇到问题时，他总是与人平等讨论，从不把自己当成专家，也从不乱发脾气，总是心平气和地告诉你哪里不对。他在审批文件时，也总是把所审批的文件看了又看，公式反复推导，对拿不准的，就找来当事人进行研究，批注都是用铅笔，他认为用铅笔修改方便。他做事从不武断，总是留有余地，特别反对以权威自居、独断专行和以势压人。

陈德仁非常爱才，很重视技术人才培养。他鼓励年轻人积极发表不同的意见，即便后来证明是年轻人错了，他也会说：“不要为难他，有这样的想法，应该鼓励。”在一次课题研讨会上，有一位年轻人发表了不同的见解，陈德仁就对大家说：“XXX 年轻人是个好苗子，很有见地，我要向他学习。”短短的话语，道出了他对青年人才无私的举荐和殷切的希望。

有一次，老伴徐瑞芝外出几天，给他留下一些生活费。他下楼锻炼时，遇到了住在附近的一位十多岁的小姑娘。小姑娘告诉他说她妈妈生病了，需要钱。陈德仁二话没说就把自己兜里的150元都给了她。第二天，他又遇到那个小姑娘，问小姑娘："你妈妈怎么样了？"小姑娘也不说话，只是掉眼泪。他于是又给了她200元。几天之后，社区居委会找到陈德仁，说那个小姑娘是个骗子，千万不要相信她，周围不少人都被她骗了钱，他才明白过来。但他并没有因为被骗而懊恼或想去追索，而只是淡淡地说："我看小姑娘也挺可怜的，钱就算了。"

平常，陈德仁骑自行车上班，有一次被一个急着赶路的人不小心撞倒在地。那人一看，坏了，如果是撞到年轻人还好，可是撞到这么大年纪的老头，万一有个三长两短，那该怎么办？他还没来得及上前去扶，没想到陈德仁自己利索地爬了起来，那人连声道歉，陈德仁对那人说："我没什么事，你赶紧走吧！"

陈德仁是一个非常喜欢孩子的人，他每次出门时兜里总会放些糖果，碰到认识的或者不认识的小孩子，就笑眯眯地把糖果送到小孩子手里。住在附近的孩子们见到他就喊"老爷爷""陈爷爷""科学家爷爷"，听到后，他总是特别开心，眉开眼笑，其乐融融。

陈德仁对人非常诚恳，不管是在办公区、还是在试验场，甚至退休后在遛弯途中，他遇见熟人总是主动上前打招呼。跟他一起的同志曾问他，你怎么有那么多熟人呀？其实，只要是有一次交往，他都能把对方记住，之后要是遇到，他总能认出来。不管是老同志，还是年轻人；不管是干部，还是工人，都一样主动打招呼，共事的人有的感到很惊讶，很多人都佩服他人缘好，有亲和力，易于相处。

20 世纪 70 年代，有电视机的家庭很少，当时陈德仁家里买了一台，他多次招呼左大良（原 17 所研究员）等同事晚上带孩子到他家里去看电视。逢年过节或文体盛事，看电视的客人在客厅里挤得满满的，前排的坐小板凳，后排的站到了椅子上，一直排到房门口。

年轻人都喜欢与陈德仁一起出差，大家回忆起来，有的说陈德仁请他吃过饭，有的说陈德仁请他抽过烟，有的说还与陈德仁一起扳过手腕。

大家到陈德仁办公室汇报工作时，他总是给来者沏上家乡的茶，使得来者感到非常温馨。去南方出差，返回时他常常会买些新鲜蔬菜，买点肉松，一份买给家里，其他则是给陪同他出差的秘书等同事的。

3. 沉默是金

陈德仁从小在家庭环境影响下，为人和善，从不伤人，总是宽以待人，与人为善。

在历次政治运动中，他也常常受到审查或被卷入其中。他坚持实事求是的原则，对领导、同事、下属都是说真话，不讲违心的话。

对于有些事情，陈德仁有自己的立场和意见，并用自己特有的一种方式来表达，那就是沉默。

1959 年，国防部五院受到庐山会议政治风波的影响，抓“右倾”，有一些人因说了一些实话被扣上了“右倾”帽子而受到了批判，其中第一设计部就有刘跃光、赵元亮、林金3人。3人都是留苏回国的，在一些场合提了自己的意见和看法。由于没有顺应大环境，被有心人抓住，上纲上线、无限地放大，因此被错误地划分为“右倾”机会主义。这在当时是一顶严重的大帽子。

为了与“右倾”思想划清界限，第一设计部经常召开对3人的批判会。这3人都是理论研究室的成员，陈德仁作为研究室副主任，是他们的直接领导，也被要求参加批判。在每次的批判会上，大家被要求站稳立场，要和“右倾”划清界限。第一设计部还专门请钱学森参加了一次批判会。钱学森到来之后，只是在会场坐了半天，一直没有说话。陈德仁屡屡被要求发言，无非是要他说这3人政治不行，技术上也不行。但他认为这3人由于长期在国外学习，脱离了国内的现实情况，这些问题只需要加强学习就够了，年轻人没什么错误，不必这样揪住批判，因此在会上坚持一言不发，绝不说违心的话。事实上，他承受了巨大的压力，他很清楚沉默的后果：划不清界限，立场有问题。果不其然，组织上认为他的立场不坚定，与“右倾”划不清界限，庇护“修正主义苗子”的大帽子也扣到了他头上。他的入党问题也因此受到了影响。

加入党组织是陈德仁孜孜以求的一件大事，他多次写入党申请书，表达加入党组织的愿望。但由于在刘跃光、赵元亮、林金 3 人的问题上，他始终不表态响应、不跟着批判，使得他的入党问题一再拖延。

后来，错误路线得到纠正，一些莫须有的罪名得到平反。1961 年 11 月 6 日，第一设计部召开全体员工参加的“团结大会”，国防部五院和二分院领导莅临会议。第一设计部政委王树明代表设计部党委就刘跃光、赵元亮、林金 3 人在 1959 年“反右倾”运动中受到的批判和处分进行甄别，并在大会上公开向他们赔礼道歉。3 人被平反后，陈德仁的入党问题才被列上日程。后来，林金作为制导控制专家，被选为第七、八、九、十届全国政协委员，还当选国际宇航科学院院士，担任中国航天工程咨询中心首席科学家。时至今日，林金提起这段往事，对陈德仁在当时的政治压力下那金子般宝贵的沉默，言语之间依然充满了感激与敬佩之情。

1962 年 2 月 24 日，陈德仁光荣地加入了中国共产党。加入党组织是他多年的愿望。尤其是在“东风二号”导弹将要发射试验的时刻，成为一名共产党员，从此政治身份不一样了，他时刻提醒自己，要以党员的标准严格要求自己，在群众中率先垂范，起表率作用，更加努力地投入到工作中去。

4. 一切可抛

陈德仁重家庭、重亲情，绝非不食人间烟火之人。他热爱生活，兴趣爱好多样而丰富。但是，为了工作，其他的一切都可以抛舍。

20 世纪 70 年代，陈德仁的父亲病危时，陈德仁正在南京开会。陈德仁趁会议空闲请假赶回家看望病危的父亲。他回家时，父亲已在弥留之际，失去了意识，靠着氧气瓶维持生命，家里已经开始准备后事。

看到昏迷在病床上的父亲，陈德仁内心在滴血。往事历历在目，他想起了儿时随父亲一起跑火车的情景，想起了父亲的谆谆教诲。他多么想留在父亲身边，为父亲送终。可是，他身上肩负着重要任务，他刚回家不久，单位就发来电报，让他立刻赶回。是留还是回去？陈德仁再次陷入两难。

经过一番痛苦的抉择，陈德仁还是决定立即回去。国家利益高于一切，他早已把此生奉献给了祖国的国防事业。

为了工作，陈德仁向家人说明情况，决定还是回南京，在家里仅仅待了半天。陈德仁的侄女陈惠伟女士劝道："伯父，爷爷快不行了，可能就在今晚或明天，您就多留一会儿吧。"

"组织上有任务，不能不回去啊！"陈德仁摇了摇头。

对于陈德仁所从事的工作，陈德仁的亲属并不太清楚，他们只知道陈德仁在北京工作，并不知道他从事航天事业。

"有什么任务比为老父亲送终还重要？"亲属们心中极为不解。

陈德仁的母亲也来相劝，但是陈德仁已经下定了决心，他只能婉拒了母亲的劝说。

陈惠伟女士见劝不动陈德仁，只得说："那您把黑纱带在身边吧。"说着把黑纱递给了陈德仁，陈德仁贴身收好。

陈德仁把父亲的后事托付给了母亲和侄女。临走时，他深深地看了一眼父亲，要把父亲的容貌刻在心里，眼里噙着泪花，但眼泪始终没有落下，把对父亲的愧疚埋在心底。

一天之后，陈德仁的父亲去世。接到侄女发来的电报后，他戴上了侄女准备的黑纱，以寄托自己的哀思。大家看到他戴着黑纱走进会场，纷纷起立，默哀致意。

20世纪80年代初，陈德仁的母亲去世时，“巨浪一号”研制正在极为紧要的关头，他根本脱不开身，也没时间回老家看母亲一眼。

“树欲静而风不止，子欲养而亲不待。”人生太多事让人感到无奈和惆怅。自古忠孝不能两全。父母去世之时，都未能守在床榻之旁。陈德仁只能把对父母的感情深深埋在心底。但他无愧于祖国的航天事业，他对祖国的赤子情怀和对工作的赤诚之心，天地可鉴，九泉之下的父母也会理解的。

陈德仁多年来甘于付出、淡于获取。他有一个比喻：车总要有人拉，活总要有人干，不能只想坐车，不肯出力。于是，若论起奉献，大家都伸出大拇指，“陈总带头，没的说！”而在名利之前，则往往见不到他的身影和话语，更不会去钻营索取。他常说：名和利，都是身外之物，多了分心，少了安心。

“工作是父亲最大的精神寄托，他把工作当成自己的本分，他和功利、权术绝缘。为了工作，其他一切皆可抛舍。”这是陈德仁儿子陈明宣对父亲的评价，也是陈德仁淡泊名利的最好写照。

5. 从不居功

毛泽东同志在《纪念白求恩》一文中写道：“我们大家要学习他毫无自私自利之心的精神。一个人能力有大小，但只要有这点精神，就是一个高尚的人，一个纯粹的人，一个有道德的人，一个脱离了低级趣味的人，一个有益于人民的人。”陈德仁对毛泽东同志的这段话非常推崇，奉为做人做事的最高境界，并一直以这种精神来勉励和要求自己。究其一生，在他的同事和朋友心中，他就是一个高尚的人，一个纯粹的人，一个有道德的人，一个脱离了低级趣味的人，一个有益于人民的人。

陈德仁先后担任过研究室主任、副所长、所长、副院长、科技委副主任，然而这些行政职务对他来说只是做好工作的平台。他从来不看重这些行政职务，一直认为自己只适合搞技术，不适合“当官”。他也从来没有利用过这些职权去谋私利。在20世纪60年代，他有一个亲戚想到12所工作，于是去找他托关系，但他觉得此人不太合适，就不留情面地拒绝了。

对于奖励，陈德仁曾对栾恩杰说：“我已经获得了一个国家科技进步特等奖，这对我来说足够了，以后申报奖项，你们要多考虑那些年轻同志，他们同样作出了巨大贡献。多奖掖和鼓励后人，事业才有希望。”

对于成绩，陈德仁总是强调说：“我国潜射弹道导弹是在一穷二白的基础上发展起来的。是几代科研设计人员智慧和心血的结晶，是无数人卧薪尝胆20余年努力的结果！”

为了“巨浪一号”的研制工作，陈德仁可谓呕心沥血。可是当问起他个人对于航天事业的贡献时，他总是说成绩是大家的，自己不过做了该做的事。

“巨浪一号”潜射导弹的立项、研制到获得成功，有国家领导人的高瞻远瞩、有关部门的高度重视、执行部门的全力以赴，更有全体科研人员的废寝忘食、刻苦攻关、协同作战以及艰难创业等许多精神可以倡导和总结。“但是，最为重要的无疑是科研创新和技术突破。”陈德仁对此深有感触。他常说，创新是科学研究的灵魂。从零开始的创新，关键在于充分发挥集体的智慧，在科学技术上实行民主，大家取长补短，互相启发，从而确保科研项目采纳正确技术路线并顺利进行下去。

他一直对当年的科研环境和民主氛围津津乐道。在一穷二白的基础上，我国组建了年轻的导弹研制队伍。在这一团队中，没有绝对的学术权威，一切都在摸索探讨之中。在会议室里，在一块小黑板上，科研团队成员轮流发言，民主讨论，刚分配进来的小青年也敢向项目负责人叫板，还经常争得面红耳赤。这样的讨论会，连钱学森、蔡金涛等知名专家都经常来参加。在大家思想火花相互碰撞、激溅之后，通过集思广益，保证了最优化方案的确立并实施。

陈德仁（前排右一）与蔡金涛（前排右二）及其他老同事合影

问起航天事业的成功经验，他说第一条就是团结协作。他一直很推崇黄纬禄在总体协调工作中提出的“四共同”原则：“有问题共同商量，有困难共同克服，有余量共同掌握，有风险共同承担。”这“四共同”原则，被奉为航天工程系统协同工作的“金科玉律”，是航天工程系统协调工作、解决问题的“法宝”。在工作中，他率先垂范，身体力行，带头贯彻“四共同”原则，发扬技术民主。接替黄纬禄担任总设计师后，他继续推动和发扬光大了“四共同”原则。

另外，无私的奉献精神，也是他一直所称道的。知识不是私有财产，科研攻关是大家共同的目标，况且当时也没有知识产权的意识和观念。科研人员协同作战，科研资料大家共享。你中有我，我中有你，不分彼此。所有参与科研工作的成员，大家步调一致，组成攻坚战的一个系统、一个团队、一个整体！

陈德仁常常深情地回顾那些奋斗的岁月：为了完成科研生产任务，一到晚上，科研楼里灯火通明。大家的心全扑在事业上，为的是早日让导弹升空。自觉加班是平常事，有的甚至通宵达旦。每天晚上，政委都得挨个儿到每个办公室，催促大家回家或回宿舍休息，大伙儿这才依依不舍地放下手头工作。不要说加班费，连夜宵都没有！可是，大家自愿自觉，无怨无悔，投身神圣的国防事业！

陈德仁被授予中国航天事业50年“杰出贡献奖”称号

陈德仁一直说，水下发射固体潜地导弹的成功，凝聚了无数科学家、工程师、技术工人和海军官兵们所付出的集体智慧和心血，用简陋的条件实现了尖端的科技，依靠的正是这种奉献和牺牲精神。

因此，陈德仁一直强调，成绩不是他一个人的，而是属于大家的。中国国防科技事业所取得伟大的成就，不是个人力量所能铸就的，而是依靠党和国家的力量，依靠千百万人的集体智慧。

然而，陈德仁对航天事业作出的贡献是不可磨灭的，永远铭记在中国航天史上。1991 年，他被评为航空航天工业部有突出贡献的专家；1995 年当选为中国工程院院士；2005 年入选《军事百科全书》人物；2006 年荣获中国航天事业 50 年杰出贡献奖；2007 年，获二院建院 50 周年突出贡献奖。

陈德仁

陈德仁院士传记

Academician Chen Deren's Biography

第九章

天伦之乐

陈德仁与老伴相濡以沫，对儿子严格要求，对孙女疼爱有加。他自己更是兴趣广泛，特别爱好古典音乐，是一个热爱生活、爱好广泛、内心世界非常充实的人。

1. 温馨家庭

从 1949 年 1 月喜结连理以来，陈德仁与徐瑞芝夫妇一直举案齐眉、相濡以沫，哪怕是在最困难的时候，两个人都相互扶持，彼此关心。徐瑞芝一直是陈德仁的坚强后盾。

说起陈德仁和徐瑞芝的爱情，还有一段佳话。在当时的农村，婚姻往往是父母之命，媒妁之言。陈德仁的父母早就为陈德仁说了一门亲事，女方是徐瑞芝的姐姐。陈、徐两家相隔并不远。然而由于战乱，陈德仁一直在重庆，交通也不便，有段时间更是音信不通，徐瑞芝的姐姐眼看着年龄大了，徐瑞芝的父母很是着急，最后不得已，和陈德仁的父母商量取消了这门亲事，徐瑞芝的姐姐嫁人了。后来，陈德仁的婚姻问题一直没有解决，家里很着急，刚好徐瑞芝还没有婚约，也到了出嫁的年龄，陈德仁的父母就去和徐瑞芝的父母商量。徐瑞芝的父母本来就有所歉疚，于是同意了这门亲事。

徐瑞芝，1930 年 11 月出生于江苏省江阴市，1947 年就读于上海商专企管专业。民国时期，由于中国民族经济的发展需要初、中级职业人才，各地开办了一些职业学校，如商业职业学校、工业技术学校、会计专科学校，上海商专就是一所闻名的职业学校。在上海商专，徐瑞芝接受了专业教育，对自己未来的人生充满憧憬。这个非常有主见的姑娘，受新文化运动的影响，一向对媒人到家里来提亲感到非常厌恶，认为婚姻大事应该由自己做主，不能由父母来包办。听说父母为她订了婚，更是有些反感。

1948 年，正值国内革命如火如荼，徐瑞芝肄业了。作为进步学生，她准备和其他学生一道前往苏北解放区，其中也有逃婚的意思。在旧式家庭，自由恋爱的阻力是相当大的。当她的意图被家里得知后，受到父母的强烈反对。父母告诉她，陈德仁是交通大学的高才生，非常优秀。父母同时将这个消息告知了陈菊生。

陈菊生第一时间得到消息后，马上给陈德仁发电报，让他立刻赶回无锡老家，否则徐瑞芝出走，那他的亲事可能又黄了。陈菊生在电报中言辞非常急切，于是陈德仁匆匆赶回，和徐瑞芝见了面。

陈德仁（右）和徐瑞芝（左）结婚照

徐瑞芝第一眼见到陈德仁，觉得他是一个非常成熟的人，沉默寡言，但是从言谈中发现，陈德仁很有思想，才华横溢，有强烈的上进心和远大的抱负，徐瑞芝的内心开始发生变化。

陈德仁见到徐瑞芝也是眼睛一亮，心中顿起波澜。徐瑞芝在上海上学，良好的气质，加上朝气蓬勃、年轻漂亮，深深吸引了陈德仁。

1949 年 1 月，在两家父母的主持下，陈德仁和徐瑞芝举办了婚礼。

缘分就是这样一种说不清道不明的存在。当缘分没有到来时，你即便是强求，也没有机会，但缘分一旦到来，想躲也躲不开。从此，陈德仁和徐瑞芝相濡以沫，感情甚笃，共同生活了近 59 个春秋。有一句话说得好：一个成功的男人背后，总有一个默默为他付出的女人。

1968 年，陈德仁调到 17 所，承担起了建所任务，工作非常繁杂，天天带领干部和职工奋战在一线，吃住在单位，一个月下来瘦了十几斤。那段时间刚好徐瑞芝出差，回来后发现陈德仁瘦了那么多，非常心疼。有一次，徐瑞芝中午到 17 所给陈德仁送饭，见到陈德仁和工人一起铺木地板，有人就对徐瑞芝说："徐大姐，你看你家老陈都瘦成这样了，要不你调过来照顾他吧？"徐瑞芝经过深思熟虑后，向所在单位第四机械工业部（简称四机部）基建局申请工作调动。

在单位里，徐瑞芝工作积极负责，多次被单位评为机关工作骨干和积极分子。单位领导劝她好好考虑，但她为了更好地照顾陈德仁，坚持要求调动工作。单位领导无奈之下，同意了她的申请。徐瑞芝调到 17 所以后，一直从事基建后勤工作。在四机部时，她已经是处级干部，但是，调到 17 所后，却没有解决待遇问题，从普通的基建工作做起，多年后才调入研究室。然而，徐瑞芝无怨无悔，一直默默支持着陈德仁。

20 世纪 80 年代，正值"巨浪一号"研制的关键时期，陈德仁非常繁忙，经常在外场做试验。徐瑞芝尽心竭力，从生活上照顾他，使他能够全身心地投入到所从事的事业中。每当提到徐瑞芝，陈德仁总是感激地说：“老伴尽管不能在我从事的工作上帮助我，但是，俗话说得好，军功章里，有我的一半，也有她的一半。”

2007年12月陈德仁病故后，徐瑞芝专门腾出一间房子，按照他的习惯进行了摆设，把他的遗像摆在房间里，常常对着遗像和他说说话，每年清明节都去八宝山扫墓，以寄托自己的思念。

2.精神传承

1949年11月，陈德仁的儿子陈明宣在上海出生。陈德仁内心很疼爱这唯一的儿子，但是对他要求非常严格。他工作繁忙，没时间照顾儿子。在儿子印象中，父亲一直是一个大忙人，而且很神秘，不知道他在忙什么。

从上海迁到北京后，由于工作需要，陈德仁夫妇常常出差在外，陈明宣从小学后就寄宿学校，和陈德仁在一起的时间并不很多。但在相处中的几件事情，却给陈明宣留下了深刻的印象。

陈明宣上小学时，有一次问了个数学问题，父亲耐心地进行了解答。后来数学考试得了五分，当时是五分制，满分就是五分，还受到了老师的表扬，心里自然非常高兴。但陈德仁看到成绩单后却半开玩笑地说：“这里有两分是我的。”这句话就像一盆冷水浇在身上，陈明宣很受打击，但很快冷静下来。他和父亲一样，都非常要强。或许为争口气，从此陈明宣自己努力，以后每次考试几乎都拿满分，这样可以底气十足地告诉父亲："这些分数都是我自己的。"陈德仁听罢淡然一笑，为儿子的成长感到高兴。那时正是我国导弹事业起步的初期，他忙于工作，没时间去顾及儿子的学习，儿子能够自己努力，是他的心愿，也让他非常欣慰。

20世纪六七十年代，"文革"开始了，红色潮流风靡全国，在那时，军装代表着革命传统，成了上学的孩子和年轻人流行的时尚，也是某种身份的象征。陈明宣见其他同学都穿上各自家里和不知哪里弄来的军装，而在自己家里就有现成的，于是穿上了父亲的一件军便服。陈德仁下班回家，见到儿子穿着自己的军装，只是轻轻说了一句："有本事以后穿你自己的！"陈明宣脸色一变，立刻将军装脱下，从此再也没有穿过。

不论是家人还是亲属都知道，在陈德仁那里，不会得到额外的疏通、沾光或关照，只会亲者更严。这些严格要求，让陈明宣从小明白，要想得到什么，必须靠自己努力，而不是依赖别人。自强自立，才是值得传承的最宝贵的品质。

陈德仁的言传身教，给陈明宣留下了不可磨灭的印记，使其终身受益。陈德仁曾对陈明宣诵读过本杰明·富兰克林（美国著名政治家、科学家、外交家、文学家，曾用风筝吸引雷电对电进行探索，领导美国独立战争，参与起草美国《独立宣言》和宪法）的一句箴言："Tranquillity.Be not disturbed at trifles ,or at accidents common or unavoidable!"意思大概是：静心——不要被琐事或意外事件搅乱心境，包括普遍存在的事情和不可避免的事情。陈德仁非常欣赏这句箴言。他告诉陈明宣，对上述这几类事情不要在意，以保持宁静之心，才能避免和排除来自外界和内心的不必要的烦扰和冲击。陈德仁还进行了延伸，他说，对于三类事情，即必然发生的事、不可挽回的事、无关大局的事，就不要去为之烦恼。用这三个"筛子"把不值得操心的事滤掉。"不然还怎么静下心来做研究和工作？”陈明宣认为这句箴言和父亲的诠释极为精当，既是个人的品格修养，也是思维和处理事情的实际方法和准则，因此一直铭记于心。

陈德仁这里所说的一个关键字，就是“静”。他是一个宁静祥和的人，内心坦荡平静。正因为他心境平和，不浮躁，才能做到沉下心来进行研究，才能取得一项又一项瞩目的成绩。

20 世纪 80 年代，魔方在中国风靡一时，在当时是一个时尚、新奇的玩具，陈明宣买了一个拿回家。陈德仁见到后，很好奇，就开始研究起来。转了几转之后，陈德仁认定这魔方其实就是数学游戏。在没有说明书的情况下，陈德仁玩了几天，就摸索出了魔方的规律，在一张小纸条上用小字密密麻麻地写出了破解的过程，直到熟练掌握归位的路径。陈明宣见到之后，对老爷子非常佩服。小小魔方谁都可以拥有，然而许多人浅尝辄止，随后弃如敝履，少有人会认真钻研，务求精善。这件小事也体现出了陈德仁的行事风格。

陈德仁信奉马克思的名言：“在科学上没有平坦的大道，只有不畏劳苦沿着陡峭山路攀登的人，才有希望达到光辉的顶点。”他常鼓励陈明宣做事要坚持和坚韧。他说：“想做成点事，你首先就不要想着轻松、想着捷径、想着侥幸，而要准备付出代价、出力吃苦，能坚持，才能成功。”陈明宣曾经问他：“如果坚持了但还是不成功怎么办？”他回答：“走前人没有走过的路，磨难重重是正常的。如果始终不能成功，那我们所做的就是为后人做准备，给后人积累经验。即使留下教训也是有用的。”他还风趣地说：“莫以成败论英雄。你学过‘物质不灭’，还应当相信‘精神不灭’。精卫填海和夸父逐日，你能认为他们失败了吗？”

陈德仁对陈明宣常说的一个词就是“笨鸟先飞”。陈德仁总是以“笨鸟”自许，他说自己禀赋不高，不过是个先飞、勤飞、尽力奋飞的笨鸟。陈明宣对此解读说：“其实父亲并没有特别出众的禀赋，如果说能有所成就，应当说是那一代中国知识分子特有的责任心、使命感激励着他，为了科学救国、科技报国而甘愿付出比常人更多的投入和牺牲。”

3. 关爱家人

陈德仁和徐瑞芝相濡以沫，共同了生活了近 59 个春秋。家庭生活中，难免会有摩擦或是磕碰，但丝毫不影响两人的感情。陈德仁曾说，在生活中哪能没有磕磕碰碰的时候呢？在他看来，家庭首先意味着责任。能够拥有和维护一个和睦的家庭是人生最可贵的事情，只有真诚和关爱，才能幸福常在。

家庭是需要经营的，感情也是需要不断培养的。陈德仁虽然一心扑在事业上，平时非常忙，但对于照顾家庭，他没有丝毫的懈怠。在家中，平日里话并不多，喜欢清静的他常常独自在书房看书，但一有时间就在家分担家务。他的妻子和儿子都是他生活中不可或缺的组成部分。

从进入国防部五院起，几十年来，陈德仁早已习惯了自觉地执行“上不告父母，下不告妻儿”的铁律，工作上的事一律保密，即便是出差，也只以方向等来告知妻子，连具体地名都不会说。徐瑞芝也早已习惯了，她并不抱怨丈夫对妻子还要严加保密，一听到陈德仁要出差，便为他准备好出差的行李物品，并细细地叮嘱他在外一定要照顾好身体。他出差在外，徐瑞芝就一直期盼着他工作顺利、早日回来，而他只要有可能，总会联系，报个平安。

年事渐高，徐瑞芝身体不太好，陈德仁就每天陪她散步。两位老人肩并肩，并排走在路上。习惯了不说什么，只是慢慢地走，很安详。过一会儿，徐瑞芝累了，陈德仁便走向路边的长凳，俯下身在长凳上吹一吹，然后扶着老伴慢慢坐下来。休息一会儿，体力恢复一些，两人又慢慢起身，接着走。正如几十年共同的生活，和谐而恬淡。

陈德仁不擅厨艺，当老伴儿做饭时，他总是帮忙摘菜，吃完饭后，他会主动去刷锅和洗碗，使每天例行的家务成为维系情感的纽带，营造浓浓的家庭氛围。

陈德仁的记忆力很好，常常不无得意地说自己能记住圆周率小数点后几十位，而且还告诉别人诀窍。他将圆周率小数点后的数字分段，找出其中的特点，然后再去记。用他的方法，大家都能记到圆周率小数点后 20 位甚至 30 位。但是，徐瑞芝却揭他的“老底”，说他的记忆力在某些方面却不敢恭维，生活上的事，一会儿就忘。有时候思考一个问题，沉浸其中，甚至忘记了自己方才是要去取报纸还是买东西。

他在工作上能干，在生活上却不是那么在行。

徐瑞芝偶尔让他去买菜，他一定要问清楚货品和数量，如果没有原来要的，可能就空着手回来了，而且完全不会讨价还价。有一次，徐瑞芝让他去买菠菜和冬瓜，回来时却两手空空，理由是“没有菠菜”。精于导弹控制的专家，面对只有冬瓜没有菠菜，不明确两者是“与门”还是“或门”，于是干脆连冬瓜都不买了。其实这是职业习惯作怪。在型号研制中，一定要目的明确、任务明确、指标明确。习以为常的思维惯性，在业务和生活之间有时不能自由切换，以致出现一些小小的趣事，在亲朋好友中引为笑谈。

2006 年 6 月，陈德仁被检查出得了胃癌，而且已是晚期。航天二院科技委秘书犹豫要不要告诉他，担心他知道后是否能够承受。那时，他的儿子还在国外工作。最后院里决定还是将实情告诉他，他听后却非常平静，说：“我不害怕，该怎样治就怎样治。”后来转到北京肿瘤医院做了手术，胃只留下四分之一，贲门也被切除。住院之后他还一直记挂着家里。后期病魔的摧残使每个看望他的人都不忍目睹，但他不吭一声，还对回京看望的儿子说：“让我出院吧，只有你妈妈在家，她身体也不好，我出院还可以帮帮她。”在场的人闻言无不落泪。

陈德仁特别疼爱孙女陈心雅。陈心雅小时候，陈德仁将她搂在怀里，给她讲苏轼的《水调歌头·明月几时有》、岳飞的《满江红·怒发冲冠》，讲故事，

陈德仁和夫人、孙女在一起

听音乐，便是家中最温馨的时刻。

4. 兴趣广泛

俄罗斯人描述一个人没有任何兴趣爱好，一心只钻研学问时，称之为“干面包”。陈德仁可不是那种干面包，他是一个兴趣广泛的人。

陈德仁酷爱音乐，特别是西方古典名曲。听音乐能减轻压力，舒缓心情。上海中学的教育对他影响深远。上海中学注重对学生素质的全面培养，德、智、体、群、美五育并重。学校学生自主的社团如体育、文艺和生活团队等活动非常丰富。在上海中学，陈德仁除了热爱学习之外，还爱上了音乐。

从上海迁到北京后，陈德仁买了一个留声机，西方古典音乐一直陪伴着他。

陈德仁最喜欢的作品当属贝多芬的《命运交响曲》。《命运交响曲》是一部慷慨激昂、撼人心魄的绝世之作，它比任何一部交响曲都更加鲜明地体现着一个主题：“通过斗争，获得胜利”。

乐曲一开始，就展现了那个震撼人心的“命运在敲门”的主题。这一主题贯穿全曲始终，使人感受到无法用言语表达的感动与震撼，体现了一种与命运搏斗的宏大精神：抗争而绝不屈服。

陈德仁登山留影

尽管时代不同，与命运的抗争却是人类共同的、永恒的主题。陈德仁热爱这部伟大的作品，在聆听中，和贝多芬进行心灵的对话，从音乐中汲取奋进的力量。

捷克作曲家德沃夏克的《e小调第九交响曲》，即《自新大陆》，是陈德仁的另一至爱。优美绝伦的旋律，恢弘浩大的气势，彰显出交响音乐美的意蕴。最使陈德仁倾倒的是其第二乐章的《思乡曲》，他每每会沉醉其中。

各种器乐中，陈德仁对大提琴情有独钟。圣桑的《天鹅》、舒伯特和古诺的《圣母颂》、柴可夫斯基的《如歌的行板》《船歌》更是他的至爱。有意思的是，他喜欢把大提琴的韵味比作“奶油巧克力”，这种独特的比喻令儿子不解。好在孔子当年也曾用肉味来形容韶乐。慢慢品味，久而久之也就接受了这种说法。

兴之所至，他会操起二胡，演奏一曲《二泉映月》。他常常感叹阿炳这位天才的“老乡”在困顿凄苦中竟创作出这等“绝品”“神品”，每每沉醉在那从心灵深处流淌出的如泣如诉的乡音中，娓娓抒发着对家乡的情，对生活的爱。

12所同事阮崇德从苏联留学归来，他的导师送给他一把名贵的小提琴。陈德仁很是心仪，曾经借过来试拉一曲，然后感慨地说：“对不住这琴，我这手艺就算了，还是去拉我的二胡吧！”

陈德仁游崂山

陈德仁在乐山大佛前留影

1966 年，“文革”开始，大字报批判陈德仁的“罪状”中有这么一条“资产阶级古典音乐爱好者”。在破“四旧”、反“封资修”的疯狂运动中，他不得不忍痛将家里的留声机和收藏的一些珍贵唱片销毁了，这件事一直让他感到非常遗憾。

陈德仁还爱好下棋，象棋、围棋、国际象棋都喜欢琢磨，喜欢钻研。他喜欢旅游，热爱祖国的大好河山，但是由于工作忙，旅游的机会并不多，倒是长时间出差在外，奔波于研究所、工厂，还长年在试验基地负责试验现场的技术工作。退居二线后才有了较多余暇去领略一些名胜风光。

5. 玫瑰庆寿

2002 年 8 月，80 岁的陈德仁接受了中央电视台青少中心科普栏目记者专访，这次采访正值炎热的夏季，为了达到节目制作的效果，陈德仁针对节目的特点，以他一贯严慎细实的工作作风，本着对全国观众高度负责的精神进行精心准备，并亲自撰写生动的解说词。尽管汗水湿透了他的衣衫，但他向全国人民普及了航天知识，他感到极为光荣，脸上洋溢着欣慰的笑容。通过这个节目，家乡的人们才知道，陈德仁原来是航天专家，为国防事业作出了巨大的贡献。

2002 年 10 月 22 日，是陈德仁 80 岁生日。80 岁对于一个人来说，已入耄耋之年，要庆祝高寿了。在民间，80 岁为“上寿”。

二院党委领导亲自主持“陈德仁院士八十大寿”座谈会。梁思礼、栾恩杰等老专家和老同事应邀参加。

在座谈会上，二院内部出版的《陈德仁院士八十寿辰纪念画册》正式揭幕。这本画册里印的是一幅幅陈德仁工作和生活的照片。见到这本画册，陈德仁非常高兴。大家一同回顾了陈德仁从事航天事业的历程以及所作出的贡献，并祝他永远健康长寿。陈德仁首先感谢二院党委专门为他出版了纪念画册，感谢大家来给他祝寿，同时谦虚地表示，成绩都是大家的，他只是做了自己应该做的事。他还表示，决心以有限的岁月，为祖国的航天事业作出更大的贡献，生命不息，奋斗不止。

座谈会结束之后，让陈德仁没想到的是，一些同事和朋友竟然不约而同地来到了家里，不仅送上了一个生日蛋糕，还送上了一份让陈德仁感到非常意外的礼物：80 朵玫瑰。

玫瑰花品格高雅、姿态艳丽、香味浓郁，被誉为花中之王。鲜红的玫瑰，给人以最美好的祝福。这 80 朵红玫瑰，在绿叶映衬下，绽放得红红火火、浓浓烈烈。

80 朵玫瑰为陈德仁祝寿的倡议人是 12 所研究员崔鑫水（国家某领域的开拓者之一），倡议提出之后，得到了其他人的踊跃响应，纷纷赞同用这样的方式为陈德仁祝寿。80 朵玫瑰，代表 80 岁大寿，更代表了同事们的心意。玫瑰无言，但众口皆碑。这充分表明大家对他的爱戴。

司马迁曾赞美孔子：“‘高山仰止，景行行止。’虽不能至，然心向往之。”用这句话形容陈德仁在同事和朋友心中的地位，并不为过。

陈德仁（中）和老同事在一起

在热烈的气氛中，大家还唱起了生日歌。陈德仁和大家一起分享蛋糕。不仅如此，他还给办公室的同事们都送去了蛋糕，每个人都分到了一份。

年事已高而且早已功成名就，本可不必再为工作上的事操心忙碌，可以像其他老年人一样赏花遛鸟、品茶下棋、颐养天年。但陈德仁关心的并不是这些。他是一个不知疲倦的人，工作就是他的乐趣，就是他的一切。他热爱祖国，热爱航天事业，对于他来说，那绝不仅仅是一项工作，一份职业，而是他毕生的信仰，永恒的追求。活到老，忙到老，他继续以饱满的热情投入到工作中，耄耋之年，壮心不已。

80 岁高龄，他并不服老，一次在香山饭店开完一个重要会议回来，看见有几个小姑娘踢毽子，他也兴高采烈地上去露了“一脚”，展现当年的功底，向后踢了个花毽。自己乐在其中，倒把陪同的科技委秘书吓了一跳。都这么大年纪了，还踢花毽，心态永远年轻。真可谓八十不老，童心未泯。

陈德仁

陈德仁院士传记

Academician Chen Deren's Biography

第十章

平凡而去

作为第一代航天人，陈德仁院士已离我们远去。在那个时代他所具备的一些看起来平凡、普通的品格，闪烁着并不平凡的光芒！随着岁月的流逝，愈发弥足珍贵！

1. 众人敬仰

陈德仁一生低调做人、勤恳做事，为祖国的航天事业呕心沥血。即便重病在床时，心却依然坚守在航天事业的岗位上，抽时间审阅二院和四院的研究生论文。晚期尽管神智已近昏迷，但弥留之际念念不忘的还是某固体战略导弹型号。

2007 年 12 月 21 日 12 时，陈德仁因病在北京溘然长逝，走过了 85 年的人生历程。他就这样静静地离开了他心爱的航天事业，有如我国现代著名诗人徐志摩写的《再别康桥》："悄悄的我走了 / 正如我悄悄的来 / 我挥一挥衣袖 / 不带走一片云彩。"

陈德仁一生淡泊名利，不以物喜、不以己悲，构建起一个充实的、宁静的内心世界。病重医治期间，同事、好友和家人询问他有什么要求、嘱托或是留言，他都轻轻地摇头作答。或许陈德仁已无挂碍，心中的一份平和伴随了他的一生，直到辞世，归于永远……

陈德仁的逝世，使我国航天事业失去了一位德高望重、造诣深厚的导弹控制专家，是我国航天事业的巨大损失。

陈德仁逝世后，家人在家里设立了灵堂，并没有通知其他人，但惊闻陈德

陈德仁

仁逝世的噩耗，和他一起共事过的领导、同事、下属以及在他培养下成长起来的科技专家，无不深感痛惜。大家自发前来家里吊唁，沉痛悼念这位默默为祖国的航天事业奉献一生的老专家。

刚刚成功地完成发射任务的栾恩杰院士沉痛地来到陈家的灵堂，在陈德仁遗像前执弟子大礼，一句送行的话发自肺腑：“学生没有给您丢脸！”

为了缅怀陈德仁的功绩，中国航天科工集团公司党组、二院党委于 2007 年 12 月 27 日为他举行了隆重的告别仪式。

这一天，是一个极为寒冷的冬日。八宝山革命公墓的大礼堂内，庄严肃穆，哀乐徘徊。大厅里悬挂着陈德仁的遗像，陈德仁的遗体安卧在鲜红的中国共产党党旗之下，四周环绕着鲜花翠柏。周围摆放着党和国家领导人、地方、部队、大专院校、领导、同事、家人及亲友等敬献的花圈。国防科工委、中国工程院、中国航天科工集团公司、航天二院等单位的 700 余人出席告别仪式。告别仪式上，二院党委隆重宣读了《陈德仁同志生平》。前来送别的人群在哀乐中缓缓前行，向陈德仁的遗体三鞠躬。

告别仪式当日，陈德仁一生的挚友梁思礼院士抱病参加，嘴里含着速效救心丸，不能说话，颤颤巍巍地站在寒风中默哀，深切地怀念他的老同事、老伙伴、好朋友。林金满怀知遇之情，在陈德仁的遗体前鞠躬之后，到一旁抱头痛哭。

17所68岁的研究员邱玉鏞刚动完手术出院两天，还不能坐，他惊闻陈德仁逝世的噩耗，执意在家人的扶持下，来到遗体告别大厅，面向陈德仁的遗体三鞠躬。他说:“就是站着也要来说说，陈老总是个好人、好领导。”

光明日报记者吕贤如在现场进行例行采访。寒风中自发前来送行的有七八百人，从议论和交谈中，她听到最多的就是“好人”“这老爷子是好人”。抛开了各种头衔和桂冠，抛开了所有他人赋予的修饰与光环，这句“好人”的评价，很抽象，却又很具体。听似平淡，但又极为深邃，几乎就是当今世人获得的最好的认可和评价!

吕贤如本无撰稿任务，却因深受感动而萌发了进一步了解的向往。之后，吕贤如采访了数十人，一个“好人”的形象逐渐明晰，凝聚于笔端，她满怀深情地写了一篇报道，题为《有多少平凡随他而去》，全文共六千字，字字感人肺腑，以整版篇幅刊登于《光明日报》。

陈德仁院士之墓

2. 绵绵思念

陈德仁已经离去七八年了。每年清明，徐瑞芝都会带着全家人去八宝山公墓为陈德仁扫墓，擦拭洒扫，摆上鲜花和供品，给故去的亲人送去遥遥相念的祝福。

陈德仁的墓牌，黑色的大理石上镌刻着两句短短的挽词："精砺陆海双箭，通明笃诚一生"。这是家人对他毕生功业和为人品格的概括。

连续几年，徐瑞芝都意外地发现，总有人在她之前已经在陈德仁的墓前摆放上了鲜花，可惜一直没能相遇，到现在都不知道是谁送的花。徐瑞芝对此充满了感激之情。

"有的人活着 / 他已经死了 / 有的人死了 / 他还活着。"《有的人》这首诗是我国著名诗人、散文家臧克家为纪念鲁迅逝世 13 周年有感的力作，教育了一代又一代人追求真善美。正如诗中所言，"好人"陈德仁一直活在大家心中。

为了纪念建所的创始人、老所长陈德仁，2012 年，17 所专门为陈德仁铸造了一尊铜像，还制备了一尊小的铜像送给家人，摆放在家。

2012 年 10 月 11 日，借纪念固体潜地导弹首发成功 30 周年的东风，17 所隆重召开纪念大会，为在固体潜地导弹研制中作出卓越贡献的 17 所首任所长、

陈德仁院士铜像揭幕仪式

栾恩杰院士在陈德仁院士铜像揭幕仪式上讲话

中国工程院陈德仁院士铜像揭幕。国防科工局、海军某部、中国航天科工集团公司领导及有关同志参加了陈德仁院士铜像揭幕仪式。

在揭幕仪式上，栾恩杰院士发表了感人至深的讲话。他的讲话并无一字之稿，却充满了对陈德仁院士的感佩之情！

栾恩杰院士说："今天，能有幸参加这样一个隆重而严肃的仪式，我感到非常高兴。听到消息以后，我推掉了其他一切活动，来参加陈德仁院士铜像揭幕仪式。"

"作为我们 17 所的老所长，陈德仁同志手把手教我们成长。我们遇到了非常好的所长，他就是陈德仁同志。陈德仁为我们 17 所的建设，首先体现在技术建设上。那个时候真是从无到有啊，但是我们有个主心骨，他就是我们的陈德仁院士，他给我们撑腰，在技术上给我们指方向，在工作上手把手教我们。我特别受感动的是我们所送上的报告，陈德仁先生一定会一字一字地批复。他都是必须全部仔细看过，把报告的来龙去脉分析得非常清楚透彻，然后才会让你去更改。对于里面的推导，陈德仁先生会整理妥当之后帮助大家完成，对于里面的数据，他甚至要一个一个核算。陈德仁先生有一个非常好的习惯，就是他用铅笔来批注，字非常小，他不轻易占用我们报告大片的空白。字写得非常小，非常认真，字斟句酌。陈德仁先生批得非常清楚，而且他一定要把你叫到办公室，当面给你交代明白，直到你真正理解了才算过关。每件事都是这样，所以在陈德仁身边，我们实际上就是他的学生，一直都在跟着他学习。我们一边工作，一边向我们的老所长学习，也是在锻造我们自己。"

"陈德仁院士为祖国的航天事业、为我们的国防事业、为我们控制系统的建设，不管从理论上、技术上、实践上，都立下了丰功伟绩！陈德仁是我们的老首长，是我们的老所长，17 所今天为陈德仁院士树立铜像，这留给我们后代无穷的财富，给我们留下了非常好的传统的精神。陈德仁院士做起学问来认认真真，对待工作踏踏实实，对自己的部属和下级谦虚谨慎，诲人不倦。他经常深入一线，和同志们在一起受苦。那时候条件真的很差，现在回想起来，30年弹指一挥间，陈德仁先生1922年出生，那时应该是60岁，今年整整90岁，他60岁的时候仍旧天天在靶场，和我们这些年轻小伙子随便打闹、生活都没问题。那时候，60岁的陈德仁先生和我们一起奋斗，在那样艰苦的环境里，作出了如此巨大的成绩。记得那时候我们打模型弹的时候，床铺没有褥子，在那样的艰苦的地方住没有褥子，艰难可想而知啊！但是我们爬过来了，走过来了，这些都给我们留下了非常宝贵的传统。陈德仁和我们一起摸爬滚打，遇到困难共同讨论，我们17所干部、战士共同在一线，共同去奋斗，共同去克服困难，他给我们做出了很好的榜样，留下了无穷的精神上的、作风上的财富和遗产。所以，不管是物质的还是精神的，技术的、科学的，陈德仁院士都为17所留下了丰厚的遗产！”

“在今天这样一个非常有意义的日子里，我希望我们17所要继承陈德仁院士给我们留下的宝贵的物质财富、精神财富。他带领我们创造了17所光荣的过去，为我们能有现在这么大的成就打下了非常好的基础。”

陈德仁家人在铜像前合影

其他与会领导也在讲话中表示，有的人并不会因其离去而被淡忘，相反，他的离去让人们愈加牢记与怀念、景仰与崇敬，陈德仁院士就是这样一个永恒的战士。他一生从事航天事业，为国防现代化建设作出了突出贡献。他献身航天、忠诚报国的坚定信念，他攻坚克难、勇攀高峰的创新精神，他淡泊名利、无私奉献的高尚品质，值得每一个航天人去学习。今天为陈德仁院士树铜像，纪念以他为代表的老一代航天人，就是希望他留下的宝贵精神财富，能够融入到新一代航天人的思想中，使其成为新一代航天人的精神动力，继续推动着航天事业快速发展。

3. 奖掖后人

陈德仁去世后，夫人徐瑞芝遵照陈德仁的遗愿，从他们不多的积蓄中捐赠 50 万元人民币，以陈德仁的名义于 2008 年 12 月在航天四院设立了表彰青年科技创新人才的“陈德仁科技奖”，每年奖励几名在固体战略导弹领域作出突出贡献的在职科技人员。这是整个航天领域第一个以个人名义设立的科技奖，用以传承和弘扬陈德仁献身科技、奉献航天的崇高精神。

为什么要设立这样一个基金，还要从陈德仁在世时说起。有一次，陈德仁和徐瑞芝在看电视时，看到一个讲述基金的节目。看完节目，陈德仁感慨地说：“基金的作用真的很大。如果可能，我也想办一个基金，来奖励那些为航天事业作出贡献的年轻人。”

20世纪40年代，陈德仁上大学时，就是靠奖学金来维持学业，抗战爆发后交通大学内迁，他远赴重庆求学，更是由于有了奖学金才得以完成学业。“曾经受益，常思反哺。”这一情结使他很想做些事情来鼓励和帮助那些投身航天事业的青年才俊和努力求学的莘莘学子。平常沉默寡言的陈德仁从来不随便发感慨，徐瑞芝知道，他是认真的，真的很想办这样一个基金。于是徐瑞芝记下了此事。

陈德仁去世后，徐瑞芝因病住进了位于永定路的武警总医院。航天四院党委书记杨西玲一行前来探望慰问她，同时缅怀陈德仁。巧的是病房里的电视正在播放关于陈嘉庚基金的节目，徐瑞芝颇有感触地对杨西玲说：“老陈说过，他想出点钱办个基金来奖励那些为航天事业作出贡献的年轻人，不知道行不行？”杨西玲心中有所触动，回去后立刻组织召开党委会议进行研究，又给徐瑞芝做工作：“陈老生前所在的固体战略导弹型号线已经划归四院，您不如在四院设立一个科技奖，也算是完成陈老的遗愿。”徐瑞芝和陈明宣商量之后，同意了四院党委的建议。在以陈德仁名义捐款的基础上，“陈德仁科技奖”就此设立。

前四届陈德仁科技奖获奖人员合影

“陈德仁科技奖”自设立以来已评选了五届，先后共有12名在航天领域作出突出贡献的青年科技人员获奖。

获奖的科技人员表示，陈德仁院士一生从事航天事业，为国防现代化建设作出了突出贡献。伟大的事业孕育伟大的精神，伟大的精神成就伟大的事业。作为年轻一代的我们，一定会沿着前辈的脚步，进一步发扬国家至上的爱国精神、自主创新的自立精神、尊重科学的求实精神、大力协同的协作精神、勇于攀登的进取精神、不畏艰苦的奉献精神，并把这种精神作为我们战胜一切困难的重要法宝，为航天事业取得新的辉煌作出更大的贡献。

4.千古流芳

陈德仁院士是一位作出了杰出贡献的老专家，一位德高望重的先驱和领导者。作为第一代航天群体中的一员，在那个似乎已经远去的艰苦开拓的年代，正是他们共同奋斗，以无数的心血和汗水，换来了当今足以傲立于世界的中国航天事业！

陈德仁院士自认是一个平凡的人，但他的品格闪耀着不平凡的光芒。留给大家的，是一份无言的感动和难以忘怀的记忆。而且，随着岁月流逝，愈加弥足珍贵。陈德仁是大家心目中的一个“好人”。其实，能够得到这一评价，或许已是最好的褒奖！

沿着陈德仁院士的人生轨迹追寻，不由会想起他说过的一句话：“我们这一辈子没有虚度，我们这一生是属于祖国的。”当个人熔入伟大的事业，人生便得以永存！

老一辈开拓者砥砺前行，他们的勋业和精神、光荣与梦想，都渐渐化入历史的年轮，成为宝贵的财富和强大的动力，激励着一代代航天事业的后来人高歌猛进、再创辉煌！

为了更加美好的未来，我们需要回望，需要记录和铭记！

斯人已逝，千古流芳。继往开来，伟业永光！

谨以此书纪念陈德仁院士！

陈德仁同志生平

陈德仁逝世后，中国航天科工集团公司党组和二院党委对他的一生给予高度评价。在遗体告别仪式上，印发了经中国航天科工集团公司党组和二院党委审定的陈德仁同志生平。生平如下：

中国共产党优秀党员，忠诚的共产主义战士，中国工程院院士，国际宇航科学院院士，现任中国航天科工集团公司科技委顾问、中国航天科工集团第二研究院科技委高级顾问，原航天工业部二院副院长、航天工业部二院科技委副主任、航空航天工业部有突出贡献专家，国务院政府特殊津贴获得者陈德仁同志因病医治无效，于2007年12月21日12时在北京逝世，享年85岁。

陈德仁同志1922年10月22日出生于江苏无锡县，1940年以优异的成绩考入位于上海的国立交通大学工学院电机工程系电信专业，后又就读于迁至重庆的国立交通大学，1945年8月毕业，获学士学位，随后在资源委员会重庆、上海中央无线电器材总公司研究所从事研究工作。新中国成立后，先后在电信技术研究所任副研究员；国防部五院二分院第一设计部理论研究室任主任、副研究员；七机部一院12所副所长，17所副所长、所长；七机部二院副院长、院科技委副主任，研究员；某国家重点型号副总设计师、总设计师等职务。1992年后，先后担任中国航天工业总公司《固体弹道导弹》系列丛书编委会副主任，全国战略导弹标准化技术委员会委员，XX工程、国家高技术某专题组、中国资源卫星应用中心、中国计算机自动测量与控制技术协会顾问；1987年当选国际宇航科学院院士；1995年当选中国工程院院士；中国宇航学会第一、二届理事会理事，中国自动化学会第三届理事；中国航天科工集团公司科学技术委员会和航天二院科学技术委员会顾问。

陈德仁同志是导弹控制专家，我国弹道导弹控制技术的开拓者之一，从1957年起从事液体与固体、地地与潜地弹道导弹的研制，为我国国防现代化建设作出了突出贡献。20世纪60年代初，他主持并参与我国第一个自行设计的中近程弹道导弹控制系统的设计，通过无源校正网络设计和迴路参数优化，解决了高柔性弹体的姿态稳定问题，并开发出应用坐标转换原理的横向惯性制导方案，以取代实践中受到诸多限制的无线电横偏校正方案；在某中程导弹上创造性地研制出能对各种干扰和偏差实现补偿的纵向捷联补偿制导方案，提出并巧妙地实现三盘陀螺积分仪方案。这些技术思想的应用，填补我国第一代战略导弹武器装备制导方案研究的一段历史空白。20世纪60年代末，他奉调从事我国第一个采用固体推进剂并从潜艇水下发射的中程弹道导弹的研制工作，先后突破了一批新技术，解决了导弹出水时的大姿态稳定、艇运动状态下的精确瞄准、确保潜艇安全和导弹可靠发射的一级发动机点火方案等重大设计问题；同时开始了我国第一个陆基机动固体中程导弹的研制，使这两个型号顺利定型。固体潜艇水下发射项目1985年获国家科学技术进步奖特等奖。他主持编写了近500万字的《固体弹道导弹》系列丛书，为后续研制者留下了宝贵的实践总结资料。

陈德仁院士是一位德高望重的老专家，一生致力于我国的国防现代化和航天事业。虽然他年事已高，但一直十分关心航天科工集团和二院的建设与专业发展，年过八旬，还接过某型号故障分析专家组组长的重任；为院、所发展战略规划制定献计献策；积极参加制导、控制及导弹技术发展学术交流活动，撰写文章；在人才培养方面，亲自为多名硕士、博士研究生指导论文，参加二院的学位评定工作。

陈德仁院士既是一位在学术上有很高造诣的老科学家，又是一位深受二院职工爱戴的领导者。在半个多世纪的革命工作中，他热爱祖国，热爱中国共产党，热爱社会主义，坚决拥护和执行党的路线、方针、政策，在政治上、思想上自觉地同党中央保持一致；他对待工作精益求精、一丝不苟、务实担当、干事创业、认真负责、潜心研究、默默奉献，远离人们的视线，他谦虚谨慎、勤勤恳恳、忠于职守、任劳任怨、淡泊名利、克己奉公、诲人不倦、平易近人，深受大家的尊敬。他作为我国弹道导弹控制技术的开拓者之一，为我国的国防现代化和航天事业作出了杰出贡献。

陈德仁同志几十年如一日，为革命事业鞠躬尽瘁，死而后已。他的逝世，使我们党失去了一位好党员、好干部，使航天事业失去了一位优秀的老专家，我们要化悲痛为力量，学习他的革命精神和优秀品质，为祖国的航天事业努力奋斗。

陈德仁同志永垂不朽！

陈德仁大事年表

1922 年
10 月 22 日，出生于江苏省无锡县前洲镇（今无锡市惠山区前洲街道）。

1924 年　2 岁
因江浙战争随父母到上海躲避战乱。

1928 年　6 岁
9 月，就读于上海私立普志小学。

1930 年　8 岁
2 月，就读于无锡县立树德小学。

9 月，就读于上海私立普志小学。

1932 年　10 岁
2 月，就读于无锡县立树德小学。

9 月，就读于无锡石塘湾无锡县立第六小学。

1934 年　12 岁
9 月，就读于江苏省立上海中学。

1940 年　18 岁
9 月，考入国立交通大学电机工程系电信学门。

1942 年　20 岁
国立交通大学被日本侵略者占领，陈德仁自动停学，回到家乡。

9 月，无锡前洲私立青城中学当教员。

1943 年　21 岁
历尽艰辛，奔赴重庆，考入国立交通大学重庆总校继续学业。

1945 年　23 岁

夏，从国立交通大学重庆总校毕业。

8月，进入国民政府资源委员会中央无线电器材厂重庆分厂实习，实习期满后任工务员。

1946 年　24 岁

12月，返回上海。

1947 年　25 岁

1 月，中央无线电器材公司成立，研究室改组为研究所，任工务员。

1949 年　27 岁

1 月，与徐瑞芝女士结婚。

1 月，拒绝了国民党去台湾的动员，参加地下党领导的护所活动。

6月，任助理工程师。

11 月，研究所归华东工业部电器工业处领导，任助理工程师。

1950 年　28 岁

5月，研究所改由中央重工业部电信工业总局领导，任助理工程师。

1952 年　30 岁

9月，随研究所迁到北京，在新组建的军委通信部电信技术研究所任工程师，副研究员，从事军事通信装备研制。

1957 年　35 岁

12月，调到国防部五院二分院第一设计部从事弹道导弹控制系统研制工作，任工程组组长。

1960 年　38 岁

4 月，任国防部五院二分院第一设计部理论研究室（三室）副主任。

11 月，二分院决定成立型号控制系统设计师小组，陈德仁任副组长。

1961 年　39 岁

10月，任国防部五院二分院第一设计部理论研究室（三室）主任。

1962 年　40 岁

2 月 24 日，加入中国共产党。

4 月 25 日，任国防部五院二分院第一设计部系统理论研究室（一室）主任。

1963 年　41 岁

参加中国人民解放军，6 月 29 日被授予中校军衔。

1965 年　43 岁

6 月，任第七机械工业部一院 12 所副所长兼系统理论研究室（一室）主任，同时兼任某中程弹道导弹控制系统主任设计师，主持该型号控制系统的研制工作。

1968 年　46 岁

4 月，调入新组建的 43 所，担任技术领导职务。

10 月，主持决定固体潜地导弹控制系统采用平台 / 计算机方案，于 1969 年 1 月获国防科委正式批准。

1971 年　49 岁

10 月，带领全所职工自力更生，义务劳动，将一处旧食堂改建成综合、模拟实验室。

1973 年　51 岁

3 月 17 日，被七机部一院党的核心小组任命为 17 所党的核心小组副组长。

1978 年　56 岁

1 月 20 日，中共十七所第一届委员会正式成立，陈德仁为常委。

1 月 31 日，七机部决定恢复型号总设计师制度，任命陈德仁为固体潜地导弹副总设计师。

1 月，担任 17 所所长。

3月，主持研制的“地地型号导弹补偿方案制导系统”获全国科学大会奖。

4月20日，随中国精密机械公司代表团赴德意志联邦共和国参观航空航天博览会，考察航天技术。

1979年　57岁

4月25日，被七机部党组任命为固体潜地导弹和陆基机动导弹副总设计师。

10月，当选中国宇航学会第一届理事会理事。

1980年　58岁

8月，被任命为七机部二院副院长。

1982年　60岁

10月12日15时，渤海海域，蛟龙出海，潜艇水下发射“巨浪一号”成功。

1983年　61岁

6月，被任命为航天工业部二院科技委副主任。

1984年　62岁

10月，被航天工业部授予“三抓”任务一等功。

1985年　63岁

3月，当选中国宇航学会第二届理事会理事。

6月15日，全国科学技术奖励大会在京举行。固体潜地导弹潜艇水下发射项目获国家科学技术进步奖特等奖，陈德仁排名第二。

1987年　65岁

当选国际宇航科学院（IAA）院士。

1988年　66岁

3月29日，航空航天工业部转发国防科工委《关于陈德仁等同志任免职的批复》。陈德仁任固体潜地导弹和陆基机动导弹第一总设计师。

8月，作为总设计师受到到试验现场视察“9188”任务准备工作的李鹏总理的亲切接见。

10月16日，国防科工委通令首批授予41名总设计师“荣誉状”。陈德仁被授予固体潜地导弹和陆基机动导弹总设计师。

1989年　67岁

1月28日，航空航天工业部航天系统工程司决定组织固体潜地和陆基机动导弹研制工作总结，并成立编辑委员会，陈德仁任副主任。

1990年　68岁

撰写了《固体潜地和陆基机动弹道导弹研制工作的简要回顾》，并主持编审《固体潜地和陆基机动弹道导弹研制工作总结》，1990年航空航天工业部内部出版。

1991年　69岁

9月，被评为航空航天工业部有突出贡献的专家。

9月，担任中国计算机自动测量与控制技术协会第一届理事会顾问。

10月，享受国务院政府特殊津贴。

1992年　70岁

退出型号工作第一线，担任《固体弹道导弹》系列丛书（共14册）编委会常务副主任，负责全面初审与终审。

1995年　73岁

5月，当选中国工程院院士。

1997年　75岁

10月，赴美国参加中国资源卫星应用中心引进设备的设计评审。

1999年　77岁

8月，被聘为中国航天机电集团公司第一届科学技术委员会顾问。

接受中央电视台“焦点访谈”专访。

11月，获中国航天机电集团公司“XX工程”嘉奖。

2002年　80岁

8月，接受中央电视台青少中心专访。

2003年　81岁

4月，向中国工程院反馈《国家科技基础条件平台建设纲要》院士意见建议。

担任中国航天科工集团公司某型号技术顾问、故障分析专家组组长。

7月，应邀参加了在北京香山饭店召开的中巴地球资源卫星用户大会。

2004年　82岁

5月，被聘为中国航天科工集团公司第二届科学技术委员会顾问。

8月，国家发改委委托工程院进行“高技术产业‘十一五’专项规划发展重点咨询研究”暨“‘十一五’航空航天领域发展重点咨询研究”项目工作方案制定，负责牵头组织中国航天科工集团公司发展重点项目工作方案。

2005年　83岁

入选《军事百科全书》人物。

11月，参加“钱学森归国50周年纪念活动”。

2006年　84岁

获中国航天事业50年杰出贡献奖。

2007年　85岁

11月，获二院建院50周年突出贡献奖。

12月21日，在北京逝世，享年85岁。

陈德仁著作目录

[1] 蔡金涛，陈德仁．负反馈式阻抗升高器．电信建设，1950，1（2）．

[2] 蔡金涛，陈德仁．声频功率输出计的设计．电信建设，1950，1（7）．

[3] 黄纬禄，陈德仁，张梓昌，译．调频．邮电出版社，1957.

[4] 陈德仁，王世洪．固体潜地弹道导弹外场试验中的经验教训 // 航天事业三十年（科技经验篇）. 航天工业部（内部），1988：137.

[5] 陈德仁．固体潜地和陆基机动弹道导弹研制工作的简要回顾 // 固体潜地和陆基机动弹道导弹研制工作总结．宇航出版社（内部），1990：6-12.

[6] 陈德仁．飞行试验初期的测试质量控制 // 航天质量启示录．航天工业总公司，1995：212.

[7] 陈德仁（担任编委会副主任）. 固体弹道导弹系列丛书（共 14 册）. 宇航出版社，1991-1996.

参考文献

[1] 中国科学技术协会．中国科学技术专家传略：工程技术编自动化仪器仪表卷（2）[M]．北京：中国科学技术出版社，1994-2001.

[2] 盛懿，孙萍，欧七斤．三个世纪的跨越[M]．上海：上海交通大学出版社，2006.

[3] 唐盛昌．史品上中：菁英教育的缩影[M]．上海：上海教育出版社，2009.

[4] 前洲中心小学百年校庆纪念册编写组．树德育才——无锡市前洲中心小学建校百年纪念．2010.

[5] 前洲中学七十年校庆纪念册编写组．无锡市前洲中学建校七十周年纪念．2009.

[6] 张炳升．卧薪尝胆铸利剑[N]．光明日报，2006.

[7] 吕贤如．有多少平凡随他而去[N]．光明日报，2008.

[8] 邱霞．弹道铺就人生路[N]．中国航天报，2004.

[9] 山娃子．回首自从容——导弹控制专家陈德仁散记[N]．中国军工报，1998.

[10] 中国航天科工集团第二研究院科技委．雷震海天[M]．北京：中国宇航出版社，2009.

[11] 宋兆法．中国当代著名科学家丛书：黄纬禄[M]．贵阳：贵州人民出版社，2005.

[12] 黄道群．黄纬禄院士传记[M]．北京：中国宇航出版社，2015.

[13] 梁思礼．一个火箭设计师的故事[M]．北京：清华大学出版社，2006.

[14] 奚启新．钱学森传[M]．北京：人民出版社，2011.

[15]《当代中国的航天事业》编辑委员会．当代中国的航天事业[M]．北京

中国社会科学出版社，1986.
[16] 韩连庆. 组建初期的国防部第五研究院 [J]. 科学文化评论，2013，10(4).
[17] 中国宇航学会. 国际宇航联合会简介 [J]. 世界导弹与航天,1989(9).
[18] 史贵全. 新中国成立前培养工学硕士最多的机构——交通大学电信研究所 [J]. 中国科技史料，2000，22(1).
[19] 田洪远. 陈立夫在抗战时期对中国教育的贡献 [J]. 理论界,2013(6).
[20] 天言. 数风流人物，还看今朝 [J]. 质量与可靠性，2002(2).
[21] 红旅. 人民海军的海基核威慑——中国核潜艇研制纪实 [J]. 舰载武器，2004(1).
[22] 王舒颖，苑轩. 蛟龙出海破云山——我国第一型潜地固体导弹巨浪一号发展回眸 [J]. 武器装备，2012(11).
[23] 王瑞臣，李建林，杨海波. 美国潜射弹道导弹与战略核潜艇发展综述 [J]. 飞航导弹，2013(2).
[24] 台风. “巨浪”冲天举世惊 [J]. 舰载武器，2004(9).
[25] 陈小宁. 聆听命运交响曲，感悟贝多芬 [J]. 科技信息，2010(35).
[26] 艾小军. 传承航天科技的鸿篇巨制 ——《导弹与航天丛书》[J]. 科技创新导报，2009(22).
[27] 刘纪原. 中国计算机自动测量与控制技术协会第一届全国代表大会开幕词 [J]. 计算机自动测量与控制，1993(1).
[28] 桦子. 上海石库门 [J]. 上海房地，2011(3).

后记

《中国航天院士传记丛书》是在中国航天科技集团公司和中国航天科工集团公司统一组织下编写出版的，航天二院负责《陈德仁院士传记》等9个分卷的组织编写工作，二院院士传记编审委员会办公室负责传记编撰的具体组织工作。在此，对为保证此书出版而付出辛勤工作的领导和同志们表示衷心的感谢。

陈德仁院士是一位内敛低调、不追逐名利、一门心思从事科研工作的航天老专家。航天二院党委高度重视陈德仁院士传记编撰工作，组织成立了《陈德仁院士传记》编撰小组。编撰小组共有5人，组长是李嵘，执笔人是刘经勇、李双起、路志忠和何滨4人。

为这样一位老专家写传记，编撰小组备感光荣，也深感肩上责任重大。由于陈德仁院士已于2007年12月逝世，编撰小组无法采访院士本人，只能通过采访他的亲人，他生前的朋友、领导和同事，以及查找资料来获得有关陈德仁院士的信息。

自从2012年底编撰工作启动以来，编撰小组采访了数十人，收集整理了大量素材。编撰小组还赴无锡和上海进行调研，调研期间得到了江苏省无锡市惠山区政府的鼎力支持，特别是区委常委、副区长计佳萍女士亲自接待了编撰小组，并带领编撰小组赴前洲街道、无锡市前洲中学进行调研，使得调研工作得以顺利开展。此外，上海交通大学、中国航天科工集团四院（包括院机关、四部以及17所）、中国航天科技集团公司一院12所、上海中学等单位也对调研工作给予了大力支持，谨在此一并表示诚挚的感谢。

院士传记编撰工作是一项极为严肃的工作，编撰小组本着对历史负责，对航天事业负责，对陈德仁院士本人及其亲属负责的精神，坚持立足史实，避免夸大其词，避免张冠李戴，力图真实、全面地展现陈德仁院士的光辉一生。

参与编撰工作以来，陈德仁院士那崇高的精神一直激励着编撰小组的每一名成员。大家的唯一愿望，就是原汁原味地将陈德仁院士的一生描绘出来，呈现给广大读者。

在《陈德仁院士传记》编撰过程中，航天二院科技委办公室副主任李嵌组长做了大量协调工作，在策划、联络和后勤保障方面为编撰小组正常工作提供了诸多便利。

全书最终由航天二院206所刘经勇撰写并统稿。为了更好地完成编撰工作，他阅读了大量关于中国航天的书籍，对航天事业的发展历程有了较为深刻的认识。他利用节假日多次拜访院士家属和部分老专家，并对书稿进行反复修改，为本书的编撰倾注了大量心血。

成书过程中，航天二院25所原党委办公室主任李双起对全书进行了校对，对章节命名、传记内容和文字叙述等进行了精心修改和润色，并对其中两个章节进行了初写。

航天二院原院办主任路志忠在本书编撰过程中给予了重要指导，提供了大量资料和宝贵素材，并对章节内容提出了不少中肯的意见和建议。

航天二院25所原工会副主席何滨对全书进行严格把关，提出了部分修改意见。

航天二院天剑学院的两名研究生王斯侠和周鹏在采访和录音整理方面做了相应的工作。因此，本书是编撰小组集体努力的结果。

陈德仁院士的夫人徐瑞芝和儿子陈明宣不仅多次接受编撰小组采访，而且对《陈德仁院士传记》的撰写提出了指导性的意见，并提供了丰富的素材和历史资料。在此，表示衷心的感谢。

感谢中国宇航出版社领导和编辑为此书的出版所做的大量工作。

经过编撰小组的不懈努力，《陈德仁院士传记》终于成稿付梓了。鉴于执笔人水平有限，本书难免存在不足之处，敬请广大读者批评指正。

《陈德仁院士传记》编撰小组

2015年8月30日于北京